이슬람 문화

차례
Contents

제1부 이슬람교 무엇을 믿고 무엇을 따르나

이슬람교는 기독교의 적(敵)인가

이슬람교에 대한 몇 가지 오해

지구상에서 기독교와 가장 유사한 종교는 이슬람교이다. 두 종교 모두 같은 유일신 신앙의 뿌리에서 출발하여 아브라함을 공통조상으로 하고 있으며, 구약에 나오는 선지자들을 받아들이는 모습도 비슷한 양상을 띤다. 물론 이슬람교가 예수 그리스도를 하느님의 아들, 즉 신격으로 받아들이지 못함으로써 본질적으로 그 갈래를 달리 하게 되었지만, 예수를 오류를 범하지 않는 최고의 인격체로, 나아가 최상의 예언자로 받아들이고 추앙하는 것은 기독교와 별반 다르지 않다. 또한 이슬람 경진 꾸란(Quran)에서는 예수가 성녀 마리아의 몸에서 남자와의 접촉 없이 하느님의 특별한 은총을 입어 탄생했다고 기록하고 있다(꾸란 3:47). 나아가 예수가 하느님의 권능으로 기적을 행한 사실들이 세세하고 감동적으로 묘사되어 있다. 죽은 자를 살려내고, 눈먼 자와 나병환자를 고치는 내용들이 꾸란에 빈번히 등장한다. 물론 두 종교가 각기 받아들이는 관점은 다르지만, 최후의 심판일이 다가올 때 예수가 재림할 것이라는 사실도 꾸란에 언급되어 있다(꾸란 43:61/ 4:159). 꾸란에는 15장에 걸쳐, 그리고 꾸란 전체 6,226절 중 93절에서 예수에 대해 기록하고 있다.

이런 사실만으로도 일반인들에게는 충격적일 수 있다. 왜 우리는 지금까지 기독교의 가장 적대적인 종교로 이슬람교를 지목해 왔을까? 어째서 이슬람교는 예수 그리스도를 모독하는 종교로, 기독교와는 도저히 한 하늘 아래서 살아갈 수 없을 것 같은 그릇된 이미지로 인식되어 왔을까? 지금 이 순간에도 이러한 논조를 맹신하며 편견과 오류를 재생산하고 있는 경향은 없는가?

이슬람(Islam)의 언어학적인 어원은 '평화'이고, 신학적인 의미는 '복종'이다. '이슬람'은 히브리어의 '샬롬'과 같은 어근으로 '평화'를 의미한다. 따라서 이슬람 사상의 요체는 알라(유일신)에게 절대복종함으로써 내면의 평화와 지상의 평화를 얻는 것이다. 유일신을 영어로는 대문자 'God', 중국어로는 '唯一神', 우리말로는 '하느님' 그리고 아랍어로는 '알라(Allah)'라고 한다. 유일신의 아랍어 표기에 불과한 알라를 '알라 신'이라고 부르면 '하느님 신'이란 뜻이 된다. '사막의 신', '아랍의 신' 등과 같은 다신교적인 이미지를 만들어 내게 된다. 이는 잘못

된 표현이므로 '알라' 또는 '하느님'이라고 불러야 한다. 이처럼 평화야말로 이슬람의 핵심이요, 삶의 궁극적인 목표이다. 그럼에도 우리에게 이슬람은 평화와 거리가 먼 폭력적이고 호전적인 종교의 모습으로 비춰지고 있다. 이슬람의 본질과 이슬람권에서 일어나고 있는 분쟁과 충돌이라는 외피 사이를 잘못 이해하고 혼동한 결과이다. 또한, 지난 50년간 이슬람에 가장 저대적인 미국과 유대 중심의 언론과 자료를 통해서만 이슬람과 이슬람 세계를 이해할 수밖에 없었던 극심한 지적 편중이 가져다주는 후유증이기도 하다.

오직 알라만을 위하여

이슬람교는 무함마드를 아담, 아브라함, 모세, 예수에 이은 마지막 예언자로 보며, 유일신인 알라(하느님)에게 절대복종하고 우상숭배를 금지할 것을 강조한다. 그리고 만인의 평등과 형제애를 가르침으로써 하층민의 절대적인 지지를 받았다. 그 때문에 무함마드는 메카의 지배층인 귀족들로부터 박해를 받아 622년 포교의 중심지를 북쪽의 상업 도시인 메디나로 옮기게 되었고, 이를 '히즈라'라 하여 이슬람력의 원년으로 삼고 있다.

이슬람에서 알라의 예언자들은 특별한 시대, 특별한 지역에 하느님의 말씀을 전하기 위해 계속해서 보내졌다. 예를 들어, 모세와 예수는 시간과 공간의 제한성을 가지고 이스라엘 민족에게 보내진 것이다. 이렇게 알라의 예언자들이 시간과 공간의 제한성을 갖고 각 나라, 사회, 시간, 민족 등에 계속 출현했으나 시대가 흐름에 따라 하느님의 계시는 인간의 손에 의해 덧붙여지거나 삭제됨으로써 오역·변질되어 갔다. 그럴 때마다 새로운 예언자들이 새로운 계시를 가지고 나왔으며, 마침내 시간과 공간을 초월하는 완전한 마지막 계시가 무함마드를 통해서 내려진 것이다. 그러므로 종전의 모든 계시를 종합하여 종교적 통일성을 가져다 준 계시가 바로 이슬람이고, 이 계시를 간직한 것이 꾸란 경전이다. 무함마드는 그 마지막 예언자인 것이다. 따라서 이슬람에서는 아담을 비롯하여 노아, 아브라함, 모세, 예수에 이르는 모든 예언자들을 받들고 추앙한다. 예수 역시 이슬람에서는 신이 보낸 훌륭한 예언자 중 한 명인 것이다.

이슬람에서는 기독교에서처럼 십자가 대속(代贖)이나 중재자를 두지 않기 때문에 인간과 신의 직접 교통을 통한 현세의 삶과 내세의 구원을 강조한다. 즉, 신과의 직접적인 관계를 통해 선행을 쌓아가는 과정이 중요한 신앙생활이 된다. 하루 다섯 번의 예배(살라트), 라마단 한 달간의 단식(라마단), 자기 순수입의 2.5%를 가난한 사람에게 나누어주기(자카트) 그리고 평생에 한 번 재정과 건강이 허락할 때 '하느님의 집(Baytullah)'이 있는 성지 메카를 순례하는 기본 의무(하즈)는 물론 꾸란과 하디스(Hadith, 무함마드의 신뢰할 만한 언행록을 묶은 것), 이슬람법으로 정해놓은 하느님의 길을 위해 자신과의 투쟁을 다지는 것이다. 현세에서의 모든 선행은 천사에 의해 낱낱이 기록되어 최후의 심판일, 즉 하느님 앞에 불려갔을 때 판단의 자료가 된다. 심판의 그날, 선과 악의 경중에 따라 심판을 받은 후 선을 행한 자는 천국에 들어감으로써 구원을 받고, 악을 행한 자는 지옥에 떨어짐으로써 영원한 응징을 당한다는 것이 이슬람의 기본적인 구원관이다. 이러한 단순한 구원관이 많은 사람들을 이슬람으로 끌어들인 원동력이었다. 동시에 신과 직접적으로 이루어지는 개인적 구원관으로 인해 이슬람 신앙은 남에게 보여주기 위한 의식이나 형식보다는 철저한 자기의무를 강조한다. 신앙에 대한 투철함과 계율에 대한 엄격함이 생겨나는 것도 이 때문이다.

믿음 체계에 있어서도 무슬림들은 유일신 알라에 대한 신앙뿐만 아니라, 이전 선지자들과 천사들이 받았던 성서들 그리고 천사의 존재를 믿고 따른다. 나아가 내세와 최후의 심판일, 특히 우주 삼라만상의 모든 움직임과 사건들이 신의 의지대로 일어나지만, 인간이 부여받은 이성과 자율판단의지로 스스로 일정 부분 책임을 진다는 정명론(定命論)에 대한 믿음을 갖고 있다.

이슬람은 여성을 억압하는 종교인가

아랍 여성들이 미인이라는 말은 심심찮게 들린다. 차도르를 쓰고 까만 눈동자로 살짝 눈웃음 짓는 아랍여인들의 모습은 청순하고 고혹적이다. 물론 결혼 후에는 고단백과 지방질, 당도 높은 음식의 섭취로 영양과잉 상태가 초래되고 이로 인한 질병의 발생빈도가 높다. 뚱뚱한 몸매도 한몫을 한다. 그러나 젊은 여성들인 경우, 너무나 아름다워 그 모습을 제대로 표현하지 못할 때가 많다. 이목구비가 뚜렷하고 청순한 아랍의 여성들이 미스 유니버스나 세계미인대회 같은 곳에 나갈 수만 있다면 세계의 미인구도가 바뀔 것이라고 그들은 믿고 있다. 그러나 사우디아라비아나 걸프지역 아랍국가들은 물론 이란 등지에서도 여성을 미인대회에 내보내지 않는다. 얼굴까지 가리는 남녀유별 관습상 자신의 몸매를 다른 남성들에게 보여주는 것은 도저히 상상할 수 없는 장면이다.

최근 몇 년 동안 사우디아라비아를 들끓게 하고 있는 심각한 사회적 이슈는 단연 여성의 운전허용 여부이다. 여성에게 운전을 허용하는 것이 뭐가 그리 대수냐고 생각할 수도 있지만, 이는 여권의 지각변동을 가져올 대사건이다. 운전을 하기 위해서는 얼굴을 가리는 차도르를 벗어 던져야 하고, 남편이나 남자 형제들의 보호 없이 여자 혼자서 차를 몰고 쇼핑하거나 외출하는 것이 가능해진다. 또한 교통법규를 위반했을 때는 남자 교통경찰과 시시비비를 가려야 한다. 외간남자와 접촉은 물론 눈도 맞추지 못하게 하는 1,400년간의 종교적 금기가 깨어지는 것이다. 즉, 이는 여권혁명을 의미한다. 그래서 사우디아라비아 정부는 아직도 확신을 갖지 못하고, 사회변화에 대비할 준비태세가 갖춰져 있지 않은 것이다. 다만 점진적인 변화의 조짐이 보이고 있다. 여성들만의 주민등록증이나 여권발급이 시작되고, 인근 카타르나 아랍에미리트 등지에서는 여성의 참정권이 인정되기 시작했다. 여성 운전을 허용한 쿠웨이트에서는 여성들의 사회진출과 취업이 폭발적으로 늘고 있다. 여성경찰도 등장했다. 조만간 보수적인 다른 아랍사회도 이런 추세를 외면하기는 어려울 것이다.

이런 배경 때문에 아직도 이슬람은 극단적으로 여성을 억압하는 종교라는 이미지가 강하다. 이슬람권에서의 여성은 차별받고, 남성에 의해 지배받으며, 여성들에게는 어떠한 권리도 보장되고 있지 않다는 서구 언론의 보도가 여과 과정을 거치지 않고 우리에게 알려져 있기 때문에 이슬람에 대한 우리의 시각 또한 서구 시각과 일치하는 경향이 일반적이다. 이슬람의 종교적 가르침과 낙후된 이슬람 사회의 현실이 일치하지 않는 상황 때문에 후진적 여성차별이 이슬람의 문제로 비춰지는 것이다.

최근 아프가니스탄의 탈레반 정권이 이슬람의 이름으로 여성들을 가정에 감금하고 외출과 교육기회를 봉쇄하면서 극악한 여성억압 정책을 펴는 사실이 이를 잘 말해준다. 그러나 이는 결코 이슬람의 가치에 근거한 정책이 아니다. 이슬람 세계의 간곡한 만류를 무릅쓰고, 세계문화유산인 바미얀 석불을 폭격한 그들이 아닌가. 탈레반이 폭압적인 이슬람 독재를 하고 있을 때 세계 최대 이슬람 국가인 인도네시아에서는 국민의 직접선거에 의해 메가와티 여사가 대통령에 당선되기도 했다. 여성의 사회참여가 종교적으로 금지되어 있다면, 어떻게 독실한 무슬림들인 인도네시아 국민들이 여성을 국가 최고원

수로 뽑을 수 있겠는가. 아프가니스탄의 바로 이웃나라인 파키스탄에서도 베나지르 부토 여사가 두 번씩이나 선거를 통해 수상에 당선되었고, 여성 중앙은행 총재, 여성 대법관 등이 배출되었다. 방글라데시에서도 칼레다 지아 여사가 선거로 집권하면서 최근까지 민선 수상을 역임했다. 이슬람 국가 중 가장 서구화가 잘 되어 있기는 하지만, 국민의 98%가 이슬람을 믿는 터키에서도 탄수 칠레르 여사가 선거로 수상에 취임하였다. 이슬람권의 대표적 페미니스트인 탄수 칠레르 수상은 터키의 여권신장을 위해 남편에게 자신의 성인 칠레르를 따르도록 요구할 정도였다. 결국 그녀의 남편은 자신의 가문의 성을 버리고 아내의 성인 칠레르를 새로운 성(姓)으로 받아들였다. 일부 보수주의자들의 반발이 있긴 했지만, 자연스럽게 넘어갈 수 있었다. 그리고 최근 터기에서는 간통제와 사형제까지 폐지하여 서구사회를 놀라게 했다. 가장 여권신장이 잘 되어 있다는 서구에서조차 상상할 수 없는 파격적인 일들이 어떻게 이슬람 사회에서 일어날 수 있는가. 결국 여권억압은 이슬람 종교의 문제라기보다는 그 사회가 안고 있는 문화적 특징, 경제수준, 교육정도, 여성의 취업과 사회참여 등과 밀접한 관련이 있는 것으로 보인다. 아직도 여성문맹률이 80%를 넘는 나라에서 바람직한 서구 여성 수준의 권리신장은 요원할 수밖에 없을 것이다.

결론적으로 이슬람법의 해석이 가부장적 사회제도와 부계중심 구조에 근거하고 있는 한, 아내와 딸, 어머니로서 여성의 지위는 남성에 비해 열등할 수밖에 없는 것이 이슬람 사회의 현실이다. 그러나 꾸란에서는 분명하고 단호하게 여성을 현대 사회에서 차별하도록 하는 어떤 제약이나 금기를 두고 있지 않다. 이런 점이 지금 대부분의 이슬람 사회에서 인식되어 여성의 사회진출과 정치참여, 사회 전 부문에서 여성의 놀라운 약진을 가져다주고 있다. 비록 여성에 대한 인식의 변화나 여성 스스로의 변화가 서구적 기준에서 보면 매우 느리고 미진한 수준이지만, 그 변화의 속도 또한 그 문화권 사람들이 결정해야 한다. 사회에 대한 기여와 여성능력의 발휘라는 구호 아래 가정을 뛰쳐나간 그 공백을 이슬람 사회는 아직 감당할 준비가 되어 있지 않고, 건강한 가정과 자녀들의 교육이야말로 더욱 의미 있는 사회적 기여라는 공감대가 아직은 강하게 작용하고 있다. 결국 인권의 보편적 가치가 존중되면서도 여성의 사회진출과 자질의 발산에 대한 가치관은 문화권에 따라 서로 다르게 적용되어야 한다. 왜냐하면 그것은 선악과 우열의 문제가 아니라 선택의 문제이고 가치관의 차이일 수 있기 때문이다. 분명한 것은 이제 이슬람 사회는 꾸란과 그것을 근거로 이루어진 이슬람법을 적극적으로 재해석함으로써 새로운 시대에 적합한 새로운 여성의 역할과 기능을 찾아가고 있다. 그리고 그 속도는 21세기를 시작하는 지금 매우 빠르게 확산되고 있다.

'한 손에 칼, 한 손에 꾸란'의 망령

일찍이 서구인들은 무슬림들이 행한 정복사업을 소위 '한 손에 칼, 한 손에 꾸란이라는 표현을 사용하여 이슬람의 호전성과 종교의 강압적 전파를 설명하였다. 그러나 이것은 그들이 이교도에 대한 적개심과 이슬람 세력의 확산에 대한 위기감에서 만들어낸 용어에 불과하다. 이슬람의 전파와 확산은 모든 진실한 무슬림이 지향하는 목표이기는 하지만, '무력에 의한 이슬람 전파'에 대한 지시는 꾸란의 어디에서도 발견할 수 없다. 오히려 꾸란에는 "종교에는 어떠한 강요도 있을 수 없다"고 분명히 명시되어 있다. 그럼에도 불구하고 전쟁을 용납하게 된 것은 메디나로 이주해 간 후 무슬림 사회를 위협·공격하는 메카인들에 대항하여 그들의 공격을 막아내는 것이 시급했기 때문이다.

이슬람교는 발생하자마자 급속히 전파되기 시작하였으며, 당시 비잔틴과 페르시아의 오랜 수탈과 착취에 시달리던 시대적 상황으로 인해 이슬람의 진출은 오히려 환영받았다. 때문에 이슬람 정복 과정에서 강제 개종은 실제로 거의 일어나지 않았다. 무슬림들은 피정복민들의 문화나 관습 및 종교 등을 보호해주는 대가로 그들에게 일정한 세금만을 요구하였다. 피정복민들의 입장에서도 이슬람 세력의 진출을 막을 아무런 이유가 없었다. 오히려 많은 자유와 평등이 주어지는 이슬람으로의 대량 개종이 일어나기 시작하였다. 때문에 이슬람 정부는 세금 감면을 노리는 대량 개종을 막기 위해 개종금지백서를 발효하였고, 국가수입의 증대를 위해 피정복민들이 개종하는 것보다 오히려 세금을 내도록 요구했다. 그런데 이 공납 액

수도 비잔틴이나 페르시아의 강제 징수에 비하면 가벼운 것이었으므로 이슬람 제국 하에서 기독교인과 유대교인들은 상당한 종교의 자유와 경제적 기득권을 향유할 수 있었다.

이슬람 세력이 한 번 진출했던 지역은 이슬람 세력의 후퇴 이후에도 이전에 믿었던 신이나 다른 종교로 돌아서지 않았으며, 오늘날까지도 이슬람 문화권으로 남아 있다. 만일 무력에 의한 종교전파가 있었다면, 이슬람 세력이 후퇴한 후에 그 지역 주민들은 즉시 이슬람교를 버렸을 것이다. 그러나 반대로 이슬람교는 아랍인들의 철수 후에 오히려 더 번성하였고, 그 후 많은 이슬람 학자들을 배출하기도 했다. 이슬람과 경쟁이 치열했던 중세에 '한 손에 칼, 한 손에 꾸란이라는 말을 했던 서구에서조차 이제 더 이상 이 용어를 들먹이지 않으며, 유럽학자들도 이슬람의 빠른 확산을 융화력과 관용성 때문이라고 설명하고 있다.

그러나 불행히도 아무런 역사적 근거도 없는 '한 손에 칼, 한 손에 꾸란이란 용어가 우리 교과서에서 삭제될 때까지 우리는 1세기를 기다려야 했다. 이 용어는 지난 1세기 동안 서구인은 물론 한국인의 이슬람에 대한 인식을 방해하던 망령이었다. 이슬람 세계는 분명 서구사회와는 다른 패러다임을 갖고 있다. 서구식 패러다임에 대한 맹신이 우리 바깥의 문제, 우리 문화 속에 이미 녹아 있을지도 모르는 문제에 대해 편견과 증오를 양산해 왔던 것이다.

제2부 무슬림의 삶과 낭만

무슬림의 일생

남자를 위하여

이슬람 사회에서는 남아선호사상이 어떤 사회보다도 강하다. 남아의 출생은 신의 은총이며, 사회적으로는 가계의 승계, 노동력의 증가, 전사의 확보 등의 의미를 갖는다. 남아선호는 오아시스 유목사회가 갖는 아랍적 전통이 이슬람과 결합된 풍습이다. 교역, 목축, 전쟁이 주요한 삶의 방편이 되는 오아시스 구조에서 여성의 생산 활동과 생계유지는 지극히 제한될 수밖에 없다. 이런 상황에서 생존전략상 가부장적 사회, 부계중심사회, 확대가족제도가 성행하게 되었다. 여성이 혼자라는 사실, 특히 아이를 거느리고 있는 미망인인 경우 생계유지는 거의 불가능하다. 여성은 남성에 절대적으로 예속되어야 했고, 여아살해 관습과 일부다처가 자연스런 제도로 정착하게 되었다. 사실 일부다처와 여성의 남성의존은 이슬람의 문제라기보다는 아랍의 유목사회가 갖는 한계로 이해되어야 한다. 7세기 이후 아랍인들이 이슬람을 받아들여 종교와 삶이 일체화되면서 토착적인 관습이 이슬람의 모습으로 각인된 것이다.

이슬람의 관점에서는 임신 순간부터 출산에 이르는 산모의 전 과정을 성스러운 투쟁으로 묘사하고 있다. 심지어는 출산 중에 목숨을 잃은 산모를 순교자로 간주하여 천국에서의 보상을 약속하기도 한다. 이러한 출산의 중요성 때문에 임신을 위한 각종 기원행위가 행해지고, 출산을 위해서도 각종 비이슬람적 주술행위가 성행한다.

임신을 위한 기원행위로는 쿠웨이트에서 종종 행해지는 산모의 젖이나 시체를 씻은 물로 목욕하기, 새로 판 우물의 첫물 마시기, 사고사를 당한 남자 시체 위로 건너가기 등이 있다. 죽음은 또 다른 삶을 잉태한다는 이슬람 이전 아랍 풍습의 영향으로 보인다. 일단 임신이 확인되면, 임산부는 유산을 막아 건강한 아이를 출산하기 위해 각종 미신에 빠져든다. 예를 들면, 임산부가 달을 쳐다보거나 누워 있는 임산부 위로 누가 지나가면 유산의 징조로 간주된다. 또한 임신기간이 12개월인 낙타 고기를 금하는데, 이는 출산이 지연되는 것을 원치 않기 때문이다. 태아가 산모의 왼쪽 배를 차는 것을 느끼면 아들을 낳게 된다고 믿는다. 유산을 막기 위한 조치로는 7대 이상의 조상 때부터 계승된 대장장이가 주조한 팔찌나 발찌를 해산 때까지 차고 있거나, 이것이 여의치 않으면 출산 때까지 어린 양을 젖병을 물려 양육한다. 무사히 출산하게 되면 그 양을 희생시켜 고기는 가족이나 친지들에게 나누어주고 뼈는 집 문지방에 묻는다.

출산이 임박해 오면 공동체 내에서 평판이 좋고 노련한 조산원을 고용하여 작은 칼과 명주실 등 출산을 위한 준비를 서두른다. 임신한 부인은 조산원으로 활동할 수 없다. 아기의 옷가지는 물론 악귀를 쫓기 위해 호적(護籍, 보통 푸른 구슬바탕에 흰자와 검은 눈동자를 그린 것으로 지금도 서아시아 일대에서 널리 통용되고 있다)을 준비하고, 꾸란을 주머니에 넣어 아기가 태어날 방의 벽에 메카 방향으로 걸어둔다. 이때 아기용품도 꾸러미를 만들어 그 속에 참깨를 뿌리고, 호적과 꾸란 밑에 나란히 건다.

출산에는 호두나무로 된 반원형 의자를 사용하는데, 남성은 격리되고 조산원과 이웃 여인들이 꾸란의 개경장(모든 예배에서 암송하는 주 기도문)과 '알라후 아크바르(알라는 위대하다)'를 외치며 출산을 돕는다. 꾸란 구절로는 마리아의 예수 출산과 지진에 관한 부분을 계속해서 낭송한다. 산모는 음식을 먹을 수 없으며, 박하차 같은 뜨거운 음료를 마신다. 아기가 태어나면 탯줄을 자르고 그 순간 첫 번째 이름이 주어진다. 이때 준비한 푸른색 눈알 호적에 붉은 리본을 달아 이기 옷의 어깨 뒤쪽으로 매단다. 이는 앞뒤로 흉안(凶眼)의 해악으로부터 아기를 보호하고자 하는 의식이다. 쿠웨이트에서는 아이와 산모의 얼굴에 즉시 푸른 물감을 칠하기도 한다.

조산원이 출산의 소식을 전하면 아버지는 첫 번째 의식으로 아기 머리가 메카 쪽으로 향하도록 안고, 오른쪽 귀에 '아잔(예배를 알리는 낭송)을 왼쪽 귀에 '이까마'(아잔과 비슷한 내용으로 모스크 내에서 예배 직전에 낭송된다)를 불러주며 알라에게 아기의 탄생을 고하고 알라의 은총을 구한다. '아잔'을 부르고 난 후에는 아기의 강건함을 기원하는 의미로 신선한 대추야자 열매를 씹어 그 액을 아기의 입에 넣어주는 의식을 치르는데 이것을 '타흐리크'라고 한다. 갓 태어난 아이에게 처음 이틀 동안은 꿀이나 설탕물을, 세 번째 날에는 식물성 식용유 한 스푼을 먹인 후 산모의 젖을 빨게 한다.

특히 남아를 간절히 고대하던 산모가 남아를 출산하면, 조산원은 그녀가 냉정을 되찾을 때까지 여아를 출산했다고 거짓 알려주는 지혜를 발휘하기도 한다. 이는 산모가 남아 출산을 너무나 기뻐한 나머지 혼절하는 사태를 막기 위함이다.

산모는 여아를 생산한 경우 즉시 가사로 복귀할 준비를 해야 하지만, 남아를 출산한 경우 최소 3~6일간 침대에서 산후조리를 하며, 그 뒤 40일간 휴식을 취한다. 그동안 산모는 '무가드'라는 죽과 아침식사용으로 고기와 향료를 넣고 끓인 수프인 '알 후소', 당밀과 달걀, 양파를 다져 만든 반죽인 '알 아시다', 점심용으로 미트볼인 '알카부트', 차와 우유와 함께 마시는 향료 배합인 '알 루훔' 등을 취한다.

산모는 출산 후 40일이 되는 날, 신부 옷을 꺼내 입고 신부와 같은 대접을 받으며 남아 출산에 따른 보상을 받는다. 그리고 일상으로 복귀한다.

작명, 희생의식, 할례

출생의례의 가장 중요한 부분을 차지하는 것이 생후 7일째 행해지는 탄생축제와 작명의식이다. 성대한 잔치가 병행되는 작명의식에 비로소 가까운 이웃이나 친지들이 선물을 준비하여 처음 아기를 보러 온다. '하렘'(여성거주 공간)에 여인들이 들어오면 조산원은 아기 침대에 묶어둔 소금 주머니를 풀어 뿌리면서 "예언자의 은총을 받지 못한 자의 눈 속에 소금이 들어가기를……" 또는 "사악한 자의 눈 속에 더러운 소금이 함께 하기를……"이라고 중얼거린다.

소금을 뿌리는 행위는 우리와 마찬가지로 부정하고 사악한 것, 특히 손님 중에 숨어 들어올지 모르는 악귀의 해악으로부터 아기와 산모를 보호해 달라는 기원의 표시이다. 이때 여인들은 자수를 놓은 손수건의 한 모퉁이에 금화를 싸서 선물로 아기 침대 위에 놓는다. 그리고 여인들이 아기에게 덕담을 하는데, 그 내용은 "주님이여 우리의 예언자 무함마드를 복되게 하소서"이다. 만약 아기 모습을 이례적으로 칭찬하면 주인은 기겁을 하고 즉시 부정하면서 혹시 질투의 기운이 아기에게 미칠까봐 의혹의 눈길로 상대를 바라본다.

축제가 시작되면 상류 사회에서는 여성 가수와 밴드가 동원되어 산모를 위로하며, 아기의 출산에 직·간접적으로 관계된 여인들이 한바탕 함께 즐긴다. 이때 아기도 그 소음을 경험하게 하는데, 특히 여인들은 금속조각을 아기 옆에서 부딪쳐 어떤 일에도 놀라지 않는 대범한 기개를 길러준다. 이런 절차가 끝난 후에는 아기를 체 속에 담아 심하게 흔들어댄다. 이런 행위는 아기의 복통을 방지해 주는 데 매우 유용하다는 민간 습속에서 비롯되었다.

탄생축제는 생후 일주일부터 5주째까지 매주 각각의 독특한 의례가 이어지는데, 가장 중요한 것이 일주일째의 작명의식이다. 작명은 전통에 따라 일정한 형식을 취한다. 일반적으로 성서에 등장하는 예언자의 이름을 따거나 99가지에 달하는 신의 여러 가지 속성을 이름으로 사용하는 경우, 역사상 인물이나 지명이나 부족 이름을 따는 경우도 있다. 아브라함에서 이브라힘이, 모세에서 무사가, 예수에서 이사가, 이스마엘에서 이스마엘이, 야곱에서 야꾸브가, 노아에서 누르가, 아담에서 아뎀이, 마리아에서 마리얌이, 솔로몬에서 슐레이만이, 다비드에서 다우드가 파생되어 일반적으로 불리고 있다. 신의 속성을 딴 이름에는 '압둘(Abdul)'이란 접두사가 붙는다. 하지만 많은 지방에서는 아직도 아이를 보호하는 수단으로 상당기간 동안 동물이나 곤충의 이름, 혐오스러운 표현, 발음하기 어려운 낱말을 이름으로 사용하기도 한다.

생후 7일째 작명하는 날, 정수리만 남긴 채 아기의 머리털을 자르고 그 머리털의 무게에 해당하는 금이나 은을 가난한 사람에게 희사한다. 이러한 의식은 작명과 함께 새로운 삶과 새로운 공동체로의 입문을 의미한다. 그런 다음 주인은 손님들을 초대하여 동물들을 희생한다. 보통 남아인 경우에는 양 2마리를, 여아인 경우에는 양 1마리를 잡는다. 이를 '아끼까' 의식이라 한다. 아끼까는 생후 7일째뿐만 아니라, 지방에 따라서는 14일째와 21일째에도 행하고 있다.

이 의식은 부모가 그의 자식들을 위해 희생의식을 치르지 않으면, 그 자식이 곧 죽게 되거나 최후 심판일에 자식이 부모를 변호해 주지 않을 것이라는 믿음에서 기인한다. 희생된 제물은 일반적으로 3등분하여, 한 몫은 집안에서 요리하여 손님들을 대접하고, 한 몫은 가까운 친지나 친구, 조산원에 나누어 주고, 나머지 한 몫은 가난한 이웃에게 희사한다. 이러한 3등분 희사 방식은 여러 다른 희생의식에서도 공통적으로 발견되는 모습이다.

그 다음으로 중요한 의식이 할례이다. 할례의 시기는 다양하다. 일반적으로 아랍사회에서는 작명의례를 행한 직후인 생후 8일째 할례를 행한다. 그러나 아랍권 일부에서와 비아랍권에서는 생후 40일째 또는 아이가 좀더 성장한 후인 5~7세 때 할례를 행하기도 한다. 상류층 자제가 할례를 할 때는 수십 명의 고아와 가난한 자의 자식들을 함께 초대하여 공동으로 할례를 행하는 것이 미덕으로 되어 있다. 성대한 잔치와 할례복 준비에 많은 경비가 소요되기 때문이다.

할례일이 공고되면 대상자들은 터번과 새 옷으로 단장하고 악사들과 함께 말이나 낙타를 타고 동네 주위를 배회하면서 자신들이 곧 진정한 사회구성원으로 입문하게 되리라는 사실을 알린다. 할례일에는 많은 친지들이 지켜보고 축송을 하는 가운데 마취 없이 간단한 수술을 행한다. 어린 나이에도 결코 울지 않는 강건함을 보여줌으로써 남성의 세계에 입문할 자격을 인정받는다. 갖가지 선물과 함께 모든 공동체 구성원이 하나가 되어 최고의 관심과 축하를 표명한다.

여아의 할례는 이슬람의 가르침에 근거한 계율이 아니다. 아프리카의 일부다처 사회에서 성행된 악습이 이슬람 이후 절충된 형태로 여전히 남아있는 것이다. 특히 수단과 이집트에서는 아직도 여아 할례가 매우 보편적인 데 반해, 메카와 메디나를 중심으로 하는 사우디아라비아, 북아프리카, 터키, 이란, 파키스탄 등지에서는 거의 소멸되어 가는 추세이다. 할례의 방식도 수단에서는 소음순과 클리토리스의 돌출 부분을 포함한 광범위한 부위를 제거하는 데 반해, 대부분의 지역에서는 클리토리스의 일부(1mm-3mm)를 예리한 칼로 제거하는 형태를 취하고 있다.

현대의 많은 이슬람 학자들이 여아 할례를 이슬람 이전 시대의 비종교적 의미로 배척하는 경향을 보이지만, 일부의 아랍인들은 관습적으로 이를 행하고 있다. 또한 그들은 여성 할례가 여성의 성적 기능과 충동을 억제하는 수단으로 행해지고 있다고 믿는다.

무슬림으로서의 성장과 교육

아이는 무수한 통과의례를 거치면서 성장해 간다. 첫 이가 났을 때, 첫 걸음걸이, 첫돌 의식 등이 그것이다. 산모는 꾸란의 규정에 따라 아이가 만 2년 이상이 될 때까지 모유로 양육할 책무를 진다. 건강상의 이유로 수유기간을 단축하기 위해서는 남편의 동의가 있어야 한다. 이런 경우 우유나 분유 대신 유모를 고용한다. 모유의 신성함 때문에 같은 유모의 젖을 빨았던 유아들은 후일 아무런 인척관계가 없음에도 결혼이 엄격히 금지된다. 유아기의 성장에서 어머니의 역할이 특히 강조된다. 이슬람은 그의 자식을 '샤하다'(이슬람의 첫 번째 의무인 신앙의 고백)를 암송할 수 있는 나이까지 잘 키워 부모에게 복종하고 신을 경외할 줄 아는 사람으로 만든 어머니에게 천국을 보장하고 있다.

자식이 갖는 소중함과 의미가 크면 클수록 부모는 질병을 유도하는 사악한 기운이나 흉안(凶眼)의 해악으로부터 자식을 보호하고자 미신에 가까운 여러 가지 방책을 강구한다. 가장 대표적인 방법이 아이의 몰골을 지저분하게 하거나 현란한 장식을 달아 흉안의 관심을 딴 곳으로 돌리는 것이다. 터키 동부나 쿠웨이트, 시리아 일부 지역에서는 남아를 여장(女裝)시켜 악귀의 눈을 피하도록 하고 있다. 가난하고 지저분한 아이보다 부유층 자제가, 여아보다 남아가 더욱 흉안의 시기를 받기 쉽다고 믿기 때문에 왕족이나 상류층 자제는 거의 취학 연령에 도달할 때까지 하렘에 칩거하면서 외부인과의 접촉에 제한을 받았다.

할례 이후부터는 아버지로부터 절대적 복종과 존경심을 바탕으로 예절, 사회의 관습과 관례, 종교적 지식 등의 엄격한 가정교육을 받게 되며, '쉐이크'라는 가정교사를 고용하기도 한다. 말하기 시작할 때 처음 받는 교육은 신앙의 고백, 즉 '샤하다'를 외우며 무슬림의 영역으로 들어오는 것이다. 5세부터 세정과 예배의식을 행하고, 어머니나 할머니로부터 선조의 영웅담이나 신화적 전설을 전해 듣는다. 7세가 되면 남녀가 유별하여 하렘에 함부로 왕래할 수 없으며, 여아는 바깥 출입시 베일을 써야 한다. 이때부터 남자는 마드라사(서당)나 학교에서 '꾸란'과 '하디스'를 배우는 체계적인 교육을 받게 된다.

이에 비해 여아는 남자에 비해 교육 혜택을 덜 받는 경우도 있다. 일류 상류층에서는 여교사를 초빙하여 가정에서 글자를 익히고 꾸란 낭송 및 종교적 교육을 받게 하지만, 대부분의 집안에서는 엄격한 통제 속에 수예, 방직, 카펫 짜기 등의 기술 교육을 익히게 한다.

중매결혼과 사촌결혼

이슬람에서 결혼은 도덕률의 유지를 통한 사회결속과 가족연대를 강화하는 기능 그리고 성적 욕구의 충족이라는 본능을 제도화하는 의미를 갖는다. 이슬람권의 혼례가 다른 문화권의 혼례와 확연히 구별되는 것은 신분과 직업에 상응하는 중매혼, 일부다처의 허용, 결혼지참금 제도, 사촌결혼, 남성 위주의 결혼생활이라는 특성 때문이다.

이슬람 전통사회에서 결혼은 개인적인 문제라기보다는 가족이나 혈연공동체 모두에게 관련되는 공통의 관심사이기 때문에 자유연애 결혼은 거의 상상할 수 없다. 남자가 18-20세, 여자가 16 18세의 적령기에 도달하면 흔히 그 마을에서 가장 명망이 높고 평판이 좋은 사람이 중매쟁이가 되어 양가의 사회적 신분, 재산, 직업, 결혼 당사자의 교육 정도나 됨됨이를 고려해서 신랑 신부의 혼담이 진행된다. 연애결혼이 허용되지 않는 아랍 전통사회에서 '카타바(중매쟁이)'의 역할은 매우 중요하다.

여기서 사회적 신분이란 그 가계의 혈통이 예언자 무함마드와 관련이 있는지, 종교적 헌신도나 신앙의 정도, 노예 상태에서 해방된 후 몇 세대가 지났는지, 재산, 가정의 도덕적 규율 상태 등이 어떠한지를 살핀다. 시아파(이란을 중심으로 하는 이슬람 소수파)와는 달리 순니파(이슬람 세계의 90% 이상을 차지하는 정통파)에서 남자는 자신보다 낮은 지위에 속한 가문의 여자와 결혼할 수 있으나, 여자의 경우에는 자신보다 비천한 가문의 남자와 결혼하는 것이 허용되지 않는다.

일부 지역에서는 유아기에 이미 양가 사이에 약혼을 하는 관례가 강하게 남아 있다. 또 아무런 인적 관계가 없더라도 어릴 때 같은 유모의 젖을 공유한 남녀의 결혼은 관습적으로 금지되고 있는 점이 서아시아 사회에서의 젖의 신성함과 관련하여 매우 특이하다.

신랑감은 아버지가, 신부감은 어머니가 고르는 것이 일반적이지만, 배우자의 최종 결정권은 아버지가 갖는다. 신부에게 아버지가 없는 경우에는 남자형제가 아버지의 역할을 대신하지만, 신부는 남자형제가 고른 신랑감을 거부할 수 있다. 그러나 침묵은 종종 동의로 받아들여진다. 여자는 부모가 선택해 준 신랑 후보를 거절할 수 있으나, 본인이 좋아하는 사람을 선택할 권리는 인정되지 않는다. 결혼 후보자에게는 부모나 후견인과 함께 신랑, 신부를 볼 수 있는 기회가 주어지기도 하지만, 혼례일까지 상대의 얼굴을 보지 못하는 경우가 많다.

결혼 시기로는 가장 좋은 달이 '샤왈'(히즈라 10월)이고 가장 회피하는 달은 '무하람'(히즈라 1월)이다. 시간은 금요일 저녁이나 월요일 저녁을 주로 택한다.

결혼이 금지되는 근친의 범위는 어머니, 딸, 여자형제, 배다른 누이, 숙모, 고모, 이모, 외숙모, 조카, 질녀, 장모, 의붓딸, 아버지의 다른 부인들, 며느리 등이며, 두 자매와의 동시 결혼, 같은 유모의 젖을 공유했던 사람, 노예와의 결혼도 금지된다. 또한 남녀 모두 부부생활을 위협하는 지병이나 신체적 결함이 없어야 하고, 남자는 4명의 아내를 갖지 않은 상태, 여자는 이혼한 후 전 남편과의 관계가 청산되고 재혼 금지기간을 충족한 상태여야 한다.

부족에 따라서는 처가 사망한 경우 처제나 처형과 결혼하는 것이 보편적이고, 형제가 사망하는 경우 형수나 제수를 아내로 맞이하는 수계혼(嫂繼婚) 제도가 성행하기도 한다. 종교적인 제한으로는 무슬림 남자는 이교도 여인 중 기독교도와 유대교도와의 결혼이 허용되지만, 결혼은 허용되어도 이교도 아내는 개종하지 않은 상태에서 남편의 유산상속권을 갖지 못한다. 무슬림 여자는 이교도 남자와의 결혼이 허용되지 않는다.

결혼조건이 충족된 상태에서 쌍방의 합의가 이루어지면 신랑, 신부는 보호자와 각각 두 사람의 증인이 참석한 가운데 '까디(판관)'에 의해 결혼의 합법성이 공표된다. 전통 관습법은 서면양식 없이 판관에 의해 쌍방의 합의가 공동체에 공표됨으로써 효력을 발생했으나, 지금은 여성 보호차원에서 모든 조건을 세부적으로 명시한 혼인계약서가 작성되어 공개된다. 성혼(成婚)의 절차는 주례인 재판관에 의해 결혼계약의 구체적 사실이 확인되고 동의된 다음에, 결혼의 의미와 이슬람적 가르침에 대한 설법이 있은 후, 신랑, 신부가 오른손 엄지를 세워 서로 누르며 손수건으로 그 위를 덮는다. 그리고 신랑, 신부가 꾸란의 개경장을 함께 낭송하는 것으로 식은 끝난다.

이러한 법적인 절차와 함께 관습적인 절차의 충족도 결혼의 성립에 매우 중요한데, 가장 대표적인 것이 신부의 처녀성 문제이다. 이는 흔히 첫날밤을 지낸 후, 하얀 천에 묻은 혈혼을 대중들에게 공개함으로써 처녀성이 증명되고, 그 결혼이 사회적으로 인정받는 절차로 니타난다. 그러나 요즘은 혈혼을 직접적으로 공개하는 일은 매우 드물다.

아랍사회의 권장된 결혼관습 중의 하나는 '사촌결혼'의 성행이다. 사촌 중에서도 부계사촌(父系四寸), 즉 숙부의 딸을 신부로 맞이한다. 부계사촌 누이동생에 대한 그의 권리와 의무는 거의 절대적이어서 그가 그녀와의 결혼의사를 포기하지 않는 한, 다른 사람이 그녀와 결혼하기란 거의 불가능하다. 반면 신랑이 가족들의 압력에 의해 부계사촌 누이와 내키지 않는 결혼을 했을 때, 그는 자신의 의사로 두 번째 부인을 얻음으로써 그 보상을 얻기도 한다.

사촌결혼 풍습은 크게 가족연대의 강화, 상속에 따른 재산권 보호, 결혼 후의 원만한 가족관계의 기대, 과다한 결혼지참금을 지불해야 하는 경제적 압박을 해소하는 측면에서 설명될 수 있겠지만, 남녀가 철저히 분리되고 교제가 통제된 사회구조에서 사촌누이는 내외하지 않고 자유로이 교통할 수 있는 유일한 근친 이성이라는 현실적 측면도 강하게 작용하는 것으로 보인다.

신랑이 신부를 데려오는 대가로 신부측에 일정한 재화를 지불하는 '마흐르' 제도는 이슬람 이전 아랍사회에서도 잔존하던 유습이다. 애초에 마흐르는 부족이나 가문 간의 연대 표시를 위한 기능이 강했으나, 이슬람 이후 종교적인 강제규범으로 승화되어 순수하게 이혼이나 재해시에 여성을 위한 최소한의 복지금의 의미로 정착되었다. 따라서 마흐르는 남편과 함께 사는 동안에는 친정에서 관리하고, 필요시에 여성에게 전달된다. 친정에서 이 돈을 임의로 처분할 수 없도록 이슬람법으로 엄격히 규제하고 있다.

마흐르의 액수는 신부 집안의 사회적 신분이나 신부의 교육 정도 등에 따라 다르지만, 일반적으로 부모의 도움 없이 독신 남성이 준비하기에는 매우 벅찬 금액이다. 따라서 나이든 노총각과 이혼녀의 결혼이 보편적인 현상으로 편견 없이 행해진다. 또한 초혼과 재혼에 따라 그 비율도 달라 처녀일 경우를 100으로 할 때, 이혼녀는 75, 미망인은 50에 해당하는 '마흐르'를 받을 수 있다.

'마흐르'는 결혼 성립을 위한 절대 필요충분조건이며, 쌍방이 합의하는 경우 액수가 조정되거나 3분의 2를 결혼시에 지불하고, 나머지 3분의 1은 이혼시에 지불하기도 한다. 또, 4촌혼의 경우에 마흐르는 상징적인 액수에 그치기도 한다.

죽음, 영원한 삶의 시작

이슬람에서의 죽음의 개념은 종말이나 생명의 손상이 아닌, 영혼과 육체의 일체감이 소멸되는 것을 의미한다. 생명이 육체에 대한 영혼의 집중이라면, 죽음은 다만 외적인 생명열이 꺼진 상태이다. 그렇기 때문에 죽음은 종말이 아니라 새로운 시작이고, 고통으로부터의 해방이며 곧 기쁨이다. 즉, 내세는 현세와는 비교도 되지 않는 고차원적인 삶이 보장되는 곳이다.

이처럼 이슬람교에서 죽음은 이승과 저승과의 매듭이고, 새롭고 영원한 삶에 이르는 교량이다. 따라서 죽은 자를 화장하는 경우 영혼의 안식처가 소멸된다고 보아 매장하여 무덤이라는 영혼의 거주공간을 만들어 주도록 가르친다. 또한 죽은 자의 무덤을 방문하여 고인을 추모할 때 두 영혼의 교감으로 영적인 지도를 받을 수 있다고 믿는다. 나아가 영혼이 분리된 이후에도 육체와 영혼 간의 사랑은 끝나지 않고, 그 후로도 상당 기간 지속된다고 보기 때문에 사체(死體)에 대한 손상이나 무덤 위를 밟고 다니는 행위는 금기시된다. 이런 이유에서 이슬람 사회에서의 장례의 특징은 빠른 매장(보통 24시간 이내), 간단하고 엄숙한 상례(喪禮), 내세에 대한 강한 믿음 등으로 규정된다.

자신의 죽음을 인지한 자는 세정의식을 행하고 얼굴을 메카 방향으로 향한 상태에서, 마지막 순간까지 '샤하다'(신앙고백)를 낭송한다. 그럴 만한 기력이 없는 상태에서는 가족이나 친지들이 샤하다를 낭송하여 들을 수 있게 한다. 꾸란 구절로는 '야신' 장이 조용히 낭송된다. 이때 생리중인 여자, 출산 후 40일이 경과되지 아니한 여인, 기타 정결하지 못한 상태에 있는 자들은 자리를 함께 하지 못한다.

운명하면 사자(死者)의 얼굴이나 머리를 메카로 향하게 한다. 사체의 수습을 위해 우선 눈을 감기고 입을 다물게 한다. 발목을 묶고 두 손은 가슴 위에 놓는다. 가족이나 '무가실(장의사)'이 향료를 넣은 비눗물로 사체를 세정한 후 염(殮)을 한다. 이때 남편이 아내의 시신을 혹은 아내가 남편의 시신을 세정하는 것은 허용된다. 또한 고인의 머리털과 체모를 깎는 것이 일반적인 풍습이다. 그런 다음 솜으로 입과 귀, 코 등을 막으며 염습을 하고, 하얀 무명천이나 자루를 이용해 한 겹 또는 여러 겹으로 둘러싼다. 이때 하나의 천을 사용하고, 천을 서로 연결해 쓰지 않는다. 흰색이나 녹색의 수의를 입히기도 한다.

임종 순간 통곡으로 애도가 시작된다. 죽음을 알리기 위해 즉시 부고를 하되, 큰소리로 울거나 비탄에 젖어 울부짖거나 뺨을 때리고 옷을 찢는 등의 행위는 이슬람 이전의 관습으로 금기시된다. 다만 조용히 흐느끼는 행위에 대해서는 어떤 제재도 가하지 않는다. 그러나 일부 지역에서는 가족 중 여자(부인)가 큰소리로 곡을 시작함으로써 죽음을 알리기도 한다. 쿠르드 족의 애도는 극심한 울음소리, 격정적인 통곡과 몸짓이 특징이다. 매장될 때까지 통곡과 꾸란 낭송을 그치지 않는 이슬람 이전의 관습이 남아 있으며, 통상적으로 '네다비'라는 여자 대곡자(代哭者)를 고용하여 '왈왈라' '월왈'이라 외치며 계속해서 통곡하도록 한다. 또한 꾸란 낭송을 위해 '파키'라는 이슬람법학자가 초대되기도 한다.

장례절차는 아침에 시신(屍身)이 관에 실려 집을 나설 때 모든 친지와 이웃이 상여꾼이 되어 모스크까지, 또는 그곳에서 묘지까지 운반한다. 상여꾼을 별도로 고용하는 경우는 거의 없는데, 이것은 강력한 사회연대의식의 표현이다. 터키의 경우, 상여가 집 앞에서 출발하기 전 이맘(예배를 인도하는 종교지도자)은 회중(會衆)들에게 큰소리로 생전의 고인에 대한 이웃의 평판을 질문한다. 이때 모여든 이웃들은 한 목소리로 고인을 위해 좋은 증언과 변호를 해준다. 사회적 평판이 내세에서의 심판일에 주요한 판단자료가 된다는 믿음 때문에 공동체 내에서의 적극적인 삶과 협력이 강조되는 의식인 셈이다.

가까운 모스크에서 홀수 열을 만들어 보통 낮 예배에 이어지는 장례예배를 마친 다음 영구 행렬은 장지로 향한다. 카이로에서는 선두에 맹인이나 걸인들이 둘, 셋씩 짝지어 앞장서고, 남자 친지 그룹이 뒤를 따르는데 이때 한 소년이 꾸란 제30장을 편 채 행진한다. 마을사람들과 친지들은 관을 번갈아 매면서 행렬을 이뤄 장지까지 동행하고, 고인의 여자가족들은 푸른 띠를 베일 위에 동여메고 행렬에 참여한다. 푸른색은 조의를 표하는 애도의 색깔이며, 손수건처럼 손에 묶거나 어깨에 걸치기도 한다.

상여 행렬에는 상주그룹, 그 뒤를 이어 여자그룹 그리고 고용된 대곡자들이 통곡하며 따른다. 부유한 집인 경우에는 음식을 실은 낙타 떼가 동원되며, 일부는 무덤에 넣고 나머지는 이웃에게 나누어 준다. 심지어 무덤가에서 물소나 동물을 잡아 희생제를 치르기도 하는데, 이런 풍습은 가난한 참석자에게 고기를 나누어줌으로써 고인의 죄가 경감될 수 있다고 믿기 때문이다.

장지에 도착한 운구는 묘지 옆에서 잠시 대기한다. 시신은 관 없이 매장하는데, 땅에 묻기 전에 시신을 세 차례 들었다 내리고는 '몰라'의 기도와 꾸란의 낭송으로 매장을 시작한다. 매장 시각은 한밤중이나 일출, 일몰 그리고 태양이 정중앙에 있을 때에는 피하는 것이 일반적이다. 사람 키 높이로 비교적 깊고 넓게 판 묘실에 얼굴을 메카 방향으로 향하게 시신을 안치하고, 하얀 천으로 싼 시신 위에는 아무것도 덮지 않은 상태

에서 공간을 두고 그 위를 큰 돌이나 석판으로 덮는다. 그리고
는 흙을 다져 봉분 없이 지표면보다 약간 높게 평분을 만들고
표식을 한다. 비문을 세우기도 하는데, 여자의 경우 남편의 이
름 대신 친정아버지의 이름을 표시한다.

그런 다음 장례 행렬에 참석했던 사람들이 하나씩 묘지 위
의 흙을 어루만지며, 고인과 마지막 작별 인사를 나눈다. 운구
해 온 나무관은 집으로 다시 가져오는 것이 금지되어 있으므
로 묘지 옆에 그냥 놓아둔다.

시신을 관에 넣은 채로 매장하는 경우는 매우 드물다. 화장
을 하지 않고 매장을 하는 풍습은 내세에서 영혼과 함께 육신
도 부활한다는 믿음 때문이다. 묘실은 3-4명이 매장될 수 있
도록 넓게 파는데, 한 세대가 지나면 한 무덤에 또 다른 가족
을 매장하는 복장(復葬) 관습 때문으로 보인다. 묘소에다 집을
짓고 비석을 세우는 것은 일반적으로 금지되었지만, 후일 아
랍 이외의 지방에서 왕묘나 성자들의 묘소에 대규모 묘당을
짓는 유행이 생겨나기도 했다.

장례식 당일에는 고인의 집에서 일체의 음식을 만들지도
대접하지도 않는다. 음식은 모두 동네사람들이 분담하여 만들
어 온다. 장례 후 첫 3일간 밤새 꾸란을 낭송하는 관습이 일반
적이고, 지역에 따라 3일째, 40일째, 1년째 가족들이 고인의
추모집회나 기도의식을 거행하기도 한다. 매장한 후 3일째에
는 무덤에 가서 꾸란을 외우는 추모의식을 갖기도 한다.

매장 후 다음날은 여러 가지 음식을 만들어 무덤을 방문하

고, 그 음식을 가난한 이웃에게 나누어 주는 추모의식을 반복한다. 이러한 행위는 장례 후 하루가 되면 영혼은 육체를 완전히 떠나 최후의 심판을 기다리는 대기 장소로 이동하지만, 처음에는 매주 금요일마다 자신의 무덤으로 되돌아온다는 민간신앙 때문이다. 그 영혼들은 주로 금요일 오후예배 이후에 무덤으로 돌아와서 육체에 접목되고, 밤을 지낸 후 일출과 함께 돌아간다고 여겨진다.

통상 장례식 후 40일간 추모의례가 다양한 형태로 지속된다. 유족들은 화려한 차림을 피하면서 주로 금요일에 가족과 친지가 모여 음식을 장만하고 꾸란을 독경하는 주기적인 추모의식을 행한다. 1주기가 돌아올 때까지 가족들은 근신하는 자세로 경건하고 검소한 일상을 보낸다. 추모기간 동안 집에서 음주가무는 물론 축제, 결혼식 같은 세속적인 모든 즐거움은 유보되며 붉은색 옷이나 진한 화장, 천박한 행동은 삼가해야 한다. 마지막으로 모든 마을사람들을 초대하여 1주기 추모식을 치름으로써 고인을 위한 일련의 통과의례는 막을 내린다.

추모식은 한 가족이 감당하기에는 벅찬 규모이기 때문에, 이웃과 친지들이 돈과 양은 물론, 버터, 식용유, 치즈 등을 보내 주어 함께 치르는 미덕을 보인다. 고인의 새 옷은 태워 없애지 않고 1년간 보관했다가, 애도기간이 끝나면 성직자나 장례를 위해 애쓴 '몰라'에게 선물한다. 묘지에는 사후 1~2개월, 어떤 경우는 1년이 지난 후, 고인의 이름과 사망일시, 심지어는 고인이 물담배를 좋아했으면 물담배를 새긴 묘석을 세운다. 과거에는 말이나 양 모양의 묘석을 세우기도 했으나, 오늘날 이런 형태는 거의 사라졌다. 고인이 지체가 높은 경우에는 장례를 위해 희생되었던 말이나 숫양의 머리를 따로 무덤 옆에 놓아두는 풍습도 있었다. 가족들이 고인을 기리는 또 다른 방식은 형편에 따라 고인의 이름을 딴 공동 우물, 고아원, 다리 등을 지어 공동체에 귀속시키는 것이다.

미망인의 경우는 집에서 4개월 10일간 외간 남자와의 접촉을 피하며 지낸다. 이는 재혼 금지기간인 '잇다'를 지켜 자유로운 재혼권을 획득하는 과정이다. 그러나 일반적으로 미망인은 1년 후 재혼이 허용된다. 재혼의 대상은 제한이 없으나 전통적인 유목사회에서는 근친이나 족내혼이 권장된다. 이는 공동체의 약화를 막고, 아이의 양육, 공동체의 결속과 보호를 위한 장치로 해석된다. 미망인이 다른 가문이나 부족의 남자와 재혼하는 경우, 집안의 수치로 받아들여 가문 간의 불협화음과 부족 간의 적대 관계가 형성되기도 한다.

낙타를 알면 아랍이 보인다

낙타, 생존의 동의어

아랍 지역은 크게 사막이 주가 되는 남부의 아라비아 반도, 북부의 산지와 고원 그리고 그 중간의 메소포타미아 평원으로 이루어져 있다. 따라서 지중해와 흑해 연안 그리고 메소포타미아 평원을 제외한 대부분의 지역은 건조기후 지역으로, 유목과 오아시스 농경이 특징적인 생활양식으로 나타난다. 사막은 아랍인들에게 서구인들보다는 훨씬 단순하고 분명한 대상이다. 우리에게 사막은 황량하고 무덥고 물을 앗아가 생명을 위협하는 불모의 땅이라는 이미지가 강하다. 유목민들에게도 사막은 'bi-aban(물이 없는 곳)'으로 불린다. 물이 없는 곳, 즉

사람이 살 수 없는 곳이다. 반대로 오아시스는 물이 있는 곳, 사람이 살 수 있는 곳이다. 오아시스에서는 수원(水源)을 중심으로 의식주 생활에 결정적인 동반자 기능을 하는 낙타와 양의 사육이 주를 이루며, 대추야자를 주요한 식물성 식량으로 하고 있다.

여기서 물의 중요성은 다시 언급할 필요가 없다. 물은 생명 그 자체이고, 물의 양과 지속성에 따라서 공동체의 규모가 결정되기 때문이다. 대추야자는 오아시스에서 생산되는 거의 항구적인 식물성 식량원이다. 여름에는 녹색의 열매가 주렁주렁 매달린 채 무게를 이기지 못해 아래로 다발을 늘어뜨리다가, 겨울이 되면 까맣고 끈적끈적한 당도 높은 열매로 변한다. 사막을 횡단하던 캐러밴(대상)들이 대추야자 두 알로 한 끼를 해결할 정도로 자연당과 칼로리 보충이 뛰어나다. 사막의 비상식품인 셈이다. 그러나 오아시스에서 무엇보다 중요한 것은 낙타와 보조동물인 양이다.

일반적으로 지역의 생태환경과 문화적 특성에 따라 동물사육의 선호도가 달라진다. 중국남부에서는 돼지가, 몽골초원에서는 말이, 안데스의 고원지방에서는 라마가, 티베트의 고산지방에서는 야크가, 툰드라의 동토지방에서는 순록이, 아프리카에서는 소가 그리고 중앙아시아 대초원 지대에서는 양이 많이 사육되어 의식주를 해결해 준다. 그리고 오아시스에서는 낙타와 양이 각광을 받는다. 왜 그럴까?

유목사회에서 가축사육의 선호도를 결정하는 요소로는 수

송과 이동기능, 의식주 동반자 기능, 전쟁수행 보조기능 등이 고려되어야 한다. 이런 면에서 낙타는 이동과 수송, 의식주의 해결, 전쟁수행이라는 측면에서 오아시스 생태권에서 가장 중요한 생존의 요소이다. 낙타는 400kg 이상의 짐을 적재하고, 물이나 식량의 보급 없이 400㎞를 이동해가는 놀라운 수송력을 지니고 있다. 뜨거운 사막을 횡단하는 대상이나 새로운 오아시스 생태계를 찾아 떠나는 아랍 유목사회에서 낙타는 필수불가결한 사막의 동반자이다. 또한 낙타는 양질의 고기는 물론 풍부한 젖을 공급한다.

낙타 한 마리를 잡으면 적어도 200kg 정도의 고기가 나온다. 5인 한 가족이 매일 2kg(3근 반) 정도의 고기를 소비한다 해도 3-4개월을 견딜 수 있는 주요한 식량이다. 따라서 식량 수급계획에 맞춰 장기적으로 여러 가지 육류보존법을 발전시킬 수 있었다. 연기에 그을려 훈제를 만들고, 소금을 뿌려 염제하여 향료나 양념을 바르기도 하고, 뜨거운 모래구덩이에 묻어 발효시키기도 한다. 그리고 대부분은 건조시켜 육포를 만든다. 보존식품이 유목사회에서 발전되어 세계로 퍼져나간 사실이 결코 우연은 아닐 것이다. 그러나 길에서 만난 아랍사람들에게 낙타고기를 먹어 봤느냐고 물어 보면 많은 사람들이 그렇지 않다고 대답할 것이다. 낙타는 잡아서 고기를 취하는 것보다는 살려서 활용할 수 있는 혜택이 훨씬 크기 때문이다.

우선 낙타는 인간에게 풍부한 젖을 제공해 준다. 가끔은 사람들이 물처럼 낙유를 그냥 마시기도 한다. 이때 처음 먹는 사람은 매우 조심해야 한다. 기름진 낙타 젖을 그냥 마시면 십중 팔구는 설사와 배탈이 생긴다. 마시고 남는 젖은 겔 상태의 응고된 요구르트를 만들고, 다시 발효시켜 졸 상태의 라반(마시는 요구르트)으로 만들어 먹는다. 동시에 남은 젖으로는 수백 종류의 치즈를 만든다. 일주일 정도 먹을 수 있는 두부 같은 치즈에서부터 몇 년을 두어도 변하지 않는 바위처럼 딱딱한 치즈에 이르기까지 다양한 치즈로 보조식품을 만들어 먹는다. 이뿐인가. 위에 뜬 지방성분으로 버터를 만들고, 락토스라는 유당을 추출하여 당분을 해결한다. 말려서 분유나 전지분으로 보관하기도 하지만, 무엇보다 중요한 것은 주정발효(酒精醱酵)시켜 술을 만드는 일이다. 인간의 삶에 술이 없어서는 안 될 일이다. 훌륭한 낙유주(駱乳酒)가 젖에서 얻어지는 셈이다. 물론 이슬람이 받아들여진 이후에 술은 금기되었지만, 낙타 젖 술은 삶의 애환을 달래고 낭만을 노래하던 유목생활의 청량제였음이 분명하다.

이처럼 낙타는 젖을 통해 완벽한 유제품 문화를 만들어준다. 젖 이외에도 낙타의 가죽으로는 텐트나 신발, 옷을 만들고, 털로는 카펫이나 깔개를 짠다. 뼈판은 기록하거나 그림을 그릴 수 있는 캔버스로 사용한다. 요즘도 이스탄불이나 테헤란, 카이로 등지의 관광지에서는 낙타 뼈판에 채색을 하고, 판넬 속에 아름다운 미니어처(세밀화)를 그려 판매하는 것을 쉽게 찾아볼 수 있다. 심지어 낙타 오줌은 약제나 머리 감는 샴푸 대용으로 사용된다. 물이 귀한 생태환경에서 물로 세수나 목욕을 하고 빨래를 한다는 것은 일종의 자연에 대한 도전이요, 범죄행위라 할 수 있다. 그래서 여인들은 낙타의 오줌을 큰 통에 받아 두었다가 날을 잡아 머리를 감는 것이다. 지금은 관개시설이 완비되고 담수화 시설 덕택에 도시에서 멀리 떨어져 있지 않는 곳이라면 집집마다 물이 공급되지만, 아직도 고립된 오아시스에는 이런 삶의 지혜가 남아있다.

이런 상황에서 여성의 사회적 신분이나 부의 척도를 가늠하는 가장 중요한 질문은 그 여자가 얼마나 자주 머리를 감느냐 하는 것이다. 오줌으로 머리 감는 횟수는 바로 소유하는 낙타의 양과 비례하기 때문이다. 그럼 낙타 똥은 어디에 사용할까? 낙타의 배설물은 말려서 훌륭한 연료로 쓴다. 아마 유일무이한 연료일지도 모른다. 석유는 생태계를 위협할 수 있기 때문에 좀처럼 잘 쓰지 않는다. 낙타 똥은 생각보다는 잘 타서 요리하는 데는 아무런 문제가 없다.

낙타는 수송과 전쟁에서도 없어서는 안 될 중요한 동물이다. 목축과 제한된 오아시스 경작이 주가 되는 경제순환에서 교역은 필요한 물자를 공급하는 주된 통로이기 때문이다. 그러나 부족 간이나 국가 간에 평화가 유지될 때는 교역로가 제대로 기능하지만, 평화구도가 깨어지면 금새 약탈과 침략 루트로 돌변하곤 한다. 어떤 경우라도 낙타는 필수불가결한 수단인 것이다. 낙타 없는 교역이나 전쟁은 상상할 수 없다. 즉, 낙타는 생존과 동의어이다.

금기시되는 돼지고기

반면 이슬람에서는 돼지고기를 철저한 금기 식품으로 금하고 있다. 꾸란에서도 하느님의 명령으로 돼지고기 금기가 명시되어 있다. 물론 피의 순수성과 동물의 품성을 중시하는 종교적인 이유에서 보자면, 돼지고기는 다른 동물에 비해 품성이 게으르고 지방질과 병원균 함유가 많기 때문에 금기되는 듯하다. 인간은 인지가 발달할수록 동물을 가려먹게 되었고, 초식동물을 중심으로 품성이 온순한 것을 취하게 되었다는 설명이다. 이런 면에서 보면 돼지는 분명히 선호 동물에서 벗어난다. 그러나 위에서 설명한 오아시스 생태방정식에 돼지를 대입해 보면 답은 보다 명확하다.

우선 돼지는 지방질과 병원균 함유 때문에 아무리 좋은 조건을 갖춘다 해도 자연 상태에서 부패해 버릴 뿐만 아니라 건조되지 않는다. 돼지고기 육포가 쉽게 만들어지지 않는 이유이다. 낙타 한 마리를 잡아 몇 달이고 가족의 식량을 충당하는 것과는 너무나 대조적이다. 돼지고기를 보존식품으로 만드는 것은 불가능하기 때문에 바로바로 처분하지 않으면 고기의 기능이 상실되어 버린다.

둘째, 돼지는 무엇보다도 인간에게 젖의 잉여분을 제공해 주지 못한다. 새끼에게도 모자라는 젖을 인간에게 제공해 주지 못함으로써 어마어마한 유제품 음식이 소멸되어 버리는 것이다. 게다가 돼지가죽, 두꺼운 삼겹살 껍질을 어디다 쓰겠는

가. 그리고 돼지 털은? 돼지 뼈와 배설물은 또 어떠한가? 연료로 사용할 수 있는 동물의 말린 배설물은 모두 초식동물이다. 돼지는 사람과 마찬가지로 잡식동물이기 때문에 그 똥을 연료로 쓸 수가 없다. 따라서 돼지가 주는 의식주 동반자 기능은 거의 제로에 가깝다. 수송과 이동기능은 어떠한가? 그리고 전쟁보조 기능은? 너무나 분명하게 돼지고기가 금기되는 이유를 알 수 있을 것이다. 이처럼 문화연구는 막연한 것 같지만, 때로는 수학공식 풀듯 명쾌한 대답이 나오는 법이다.

이처럼 척박한 유목적 환경과 외부공격에 노출된 불안한 오아시스 정주생활은 개체와 집단의 공동운명에 근거한 강력한 혈연 중심적 부족공동체를 형성시켰다. 집단공격과 공동방어라는 생존의 원리에 입각하여, 가족단위는 철저히 권위적인 가부장적인 위계질서가 유지되고, 공격이 최선의 방어가 되는 호전성과 용맹성이 사회성격을 규정하는 주된 요소가 되는 것이다.

아라비안 나이트의 생생한 현장, 바자르

정지된 시제, 바자르

바자르는 전통시장이다. 이 말은 페르시아어에서 유래되어 이슬람권 전역에서 광범위하게 사용된다. 자선행사의 의미를 가진 바자회도 이 말에서 나왔다. 바자르와 함께 터키에서는 파자르, 차르시, 아랍에서는 수크라는 말도 널리 쓰인다. 약간의 차이는 있지만, 보통 시장을 일컫는 말이다.

바자르의 가장 큰 특징은 중세의 문화적 전통이 수백 년이 지난 지금도 이어지고 있다는 점이다. 물품의 다양성, 거래방식, 시장의 분위기, 그곳에서 행해지는 신앙과 의례, 가격흥정이라는 매력까지 중세의 정지된 시제를 그대로 반영하고 있

다. 바자르에 가면 누구라도 신이 나고 편안함을 느낀다. 그곳
에는 차이와 다름을 뛰어넘는 하나 됨이 있기 때문이다. 낯선
곳에 대한 두려움과 호기심, 기이한 것에 대한 작은 소유욕이
가장 진솔하고 인간다운 멋을 최대로 발휘해 주는 곳이다.

이슬람 지역 어느 곳에 가도 바자르가 있다. 그들 삶의 중
심이기 때문에 아무리 현대화의 바람이 거세더라도 바자르의
전통만은 포기하지 않는다. 알 무바라키 시장은 세계에서 가
장 국민소득이 높은 석유 부국 쿠웨이트의 도심 언저리에 있
는 전통시장이다. 프랑스제 향수와 이탈리아산 첨단패션이
즐비한 고급 쇼핑 아케이드를 끼고, 포목점과 철물점, 귀금속
장신구들이 늘어선 알 무바라키 시장에는 언제나 사람들이
붐빈다.

옷 한 벌에 수천 달러씩 하는 정찰제 최고급품에 대한 구매
력을 갖추었지만, 전통시장을 찾아 옛날 방식대로 흥정하고, 1
디나르를 깎고자 혼신을 다하는 모습은 참으로 인상적이다.
결혼식을 앞둔 신부가 어머니를 따라 반지를 맞추고, 여러 가
지 원단을 들춰 보며 커튼과 이불의 형태와 색깔을 구상하는
모습이 자주 눈에 띈다. 금은방에서 손가락과 팔목을 재고, 서
양식 장식의 보석이 아닌 아랍식 보석을 고르는 사람들로 보
석가는 밤 시간이 되면 발 디딜 틈이 없다.

바자르는 삶의 중심공간이다. 마을 한가운데에 우뚝 솟은
모스크(이슬람 사원) 주위에는 예외 없이 상설시장이 들어서
있다. 예배를 보고 집에 돌아가면서 필요한 물건을 고르고 구

입한다. 노점상과 가게주인들은 단골과 인사를 나누고, 가족의 안부를 묻는다. 수십 년째 맺어진 끈끈한 관계이다. 지난 30년간 매주 빠지지 않고 그 자리 그 시간, 감자와 양파를 팔던 한 노인네가 어느 날 갑자기 시장바닥에서 사라져버린다. 그의 자리에는 그의 자식들이나 아니면 그를 이어가는 또 다른 젊은 주인이 나타난다. 그리고 또 30년을 그렇게 그 자리를 지켜갈 것이다.

바자르는 단순히 삶의 순환을 연결하는 장소는 아니다. 감동이 있고, 애환이 있고, 역사가 있다. 수수단 대신 나일론 빗자루가 등장하고, 대나무 그릇 대신 플라스틱 제품들이 형형색색의 아름다움을 자랑하며 그 자리를 채워도 보통 주인은 바뀌지 않는다. 바자르의 주인공들이 물건만 파는 것은 아니다. 그들은 정보 전달자이자, 말하는 신문이다. 이웃마을에서 일어난 새로운 사건이나 최근 소식을 약간의 재미와 과장을 보태 전해준다. 매일매일 요일별로 동네를 이동해 가는 노점상이야말로 세상 돌아가는 인심이나 상황을 가장 흥미롭게 전해주는 삶의 메신저이다.

엘 칼릴리, 인간 내면이 부딪히는 곳

이집트의 카이로 구시가지 중심에 있는 수크 엘 칼릴리는 전통시장으로 형성된 역사지구이다. 수천 개의 상점들이 좁은 골목 좌우에 미로를 이루며 과거의 삶을 이어오고 있다. 후세인 모스크 광장 옆 골목으로 들어서면 자개제품과 동판공예, 정교한 유리 향수병들이 골목을 채우고, 안으로 들어갈수록 세상에 존재하는 모든 물품들이 전시되어 있다. 첫 번째 골목에서 왼쪽으로 돌면 엘 피사위 커피하우스가 있다. 항상 붐비는 사람들로 좀처럼 자리를 잡을 수 없다. 이곳에서는 가수의 여왕 움 쿨숨의 노래가 아랍 정서를 풀어놓는다. 끝이 보이지 않는 좁은 골목마다 펼쳐지는 쇼윈도우, 사람들 손에 들린 상품들이 어지럽게 널려 있다. 단 하나의 공통점은 모두가 주인을 찾고 있다는 것이다. 때로는 수백 년간 주인을 기다려 온 골동품도 수두룩하다. 쉴새없이 부닥치는 몸을 이리저리 피하며 안으로 옆으로 발걸음을 옮기다 보면 도저히 빠져나갈 수 없는 곳까지 밀려온다. 서로 자기 가게로 들어오라는 호객행위, 싼 값을 외치는 목소리에 익숙하기가 무섭게, 붙잡은 손을 뿌리치는 일도 여간 곤혹스러운 일이 아니다.

드디어 동판가게, 흥정을 시작한다. 둥근 동판에 은을 입히고 수공으로 아라베스크 문양을 정교하게 조각한 작품들이다. 직경 30cm쯤 하는 동판가격이 약 35불, 5불을 받지 않고 30불에 주겠다고 한다. 좋은 물건을 좋은 가격에 사게 되었다고 열을 올린다. 다시 가격흥정 20불에서 15불까지 내려가도, 10분의 흥정 끝에 팔겠다는 최종 가격은 8불. 완전히 밑지고 판다는 엄살이다. 내가 요구하는 최종 가격은 5불. 좀처럼 결론이 나지 않는다. 팽팽한 긴장 속에 물건 사기를 포기하고 가게를 나선다. 마지막 순간에 다시 가격은 7불로, 1불이 더 떨어진다.

도저히 안 되겠다며 완전히 가게를 나서고 뒤를 돌아보지 않고 발길을 옮긴다. 이때서야 점원이 쫓아 나오며 5불을 받고 물건을 던지듯이 건네준다. 기나긴 홍정의 결과이다.

이곳에서는 인내와 끈기로 홍정에 투자한 시간과 노력에 비례해서 가격이 내려간다. 마지막 순간까지 가게를 나오는 척할 때와 완전히 가게를 나올 때의 가격이 다르다. 물론 모든 가격이 이런 법칙을 따르는 것은 아니지만, 최소한 엘 칼릴리에서는 손해 본 사람이 없다는 점은 분명하다. 이처럼 바자르에서 물건을 사는 것은 바로 삶의 모든 것을 시험하는 것을 뜻하기도 한다.

제법 넓은 골목을 벗어나 두 사람이 겨우 지나갈 만한 좁은 샛길로 접어들면 분위기가 더 달라진다. 갑자기 1,500년 된 미라를 구경하지 않겠냐며 달콤한 유혹을 하는 어린 소년이 나타난다. 달러를 싼 값에 사라고 접근해 오는 젊은이도 끈질기게 따라온다. 문화재를 통째로 팔겠다며 영어를 완숙하게 구사하는 배포 좋은 아저씨도 따라 붙는다. 이제부터는 위험하다는 신호가 느껴진다. 그저 미소를 보이며 서둘러 큰길로 나와야 한다. 그리곤 후세인 모스크 광장의 카페를 발견하고서야 겨우 안도의 숨을 돌린다. 엘 칼릴리는 중세 아라비안 나이트의 무대를 현대로 옮겨놓은 듯한 착각을 불러일으킨다. 가장 아랍적인 정서와 분위기가 생생하게 녹아있는 아랍문화의 체험현장이다.

아랍 곳곳에 살짝 숨어서 살아 있는 바자르는 가장 본질적인 인간 내면을 만나는 곳이다. 바자르를 찾는 사람들에게 그 순간만큼은 문화의 차이와 색깔의 다름이 의미를 상실한다. 최대한 값싸게 사고 싶은 충동, 높이 부르고, 깎고, 설득하고, 애원하면서 자신의 역량과 성격, 잠재력을 유감없이 발휘하는 곳이기 때문이다.

아랍의 먹거리와 종교축제

아랍의 음식

아랍의 음식은 크게 빵과 양고기 그리고 요구르트, 세 요소로 이루어진다. 서양음식처럼 따로 코스가 정해져 있지 않다. 빵은 진흙으로 바른 아궁이에 불을 지펴 달군 다음 밀가루 반죽을 한 빵을 뜨거운 면에 붙여 구워 낸다. 얇게 민 빵에서 두터운 바케트 빵에 이르기까지 다양한 종류의 빵을 만들어낸다. 육류는 주로 양고기와 닭고기를 사용하여 조리한다. 특히 양고기 요리가 발달하였다. 숯불에 요리하는 고기를 일반적으로 케밥이라 부른다. 케밥(kebab)은 페르시아어에서 유래되어 오스만 제국을 거치면서 터키의 대표적인 음식으로 자리잡게 되었고, 아랍의 여러 나라에서 통용되고 있다. 케밥은 양 한 마리 부위를 차곡차곡 둥글게 쌓아 숯불에 빙글빙글 돌려 구워내는 샤부르마(터키에서는 됴네르)와 고기를 다져 둥글게 구워내는 코프타, 양고기 꼬치구이인 쉬시 케밥 등을 비롯하여 땅 속에 넓고 깊은 구덩이를 파고 표면에 진흙을 발라 불을 지핀 다음 양 한 마리를 통째로 넣고 밀봉하여 그 열기에 구워내는 진흙 통구이 등 수백 가지의 양고기 요리를 발달시켰다. 케밥과 함께 유제품도 중요한 음식이다. 양 젖과 낙타 젖은 물론 요구르트와 마시는 발효유인 라반을 만들어 널리 먹고 마신다. 양 젖으로 빚은 수백 가지의 치즈도 음식문화를 발달시킨 주요한 요소이다.

튀니지, 모로코 같은 북아프리카 아랍국가에서는 꾸스꾸스라는 음식도 널리 알려져 있다. 좁쌀 같은 작은 밀가루 알갱이에 생선이나 고기를 넣고 양념으로 맛을 낸 대표적인 음식이다. 식물성 음식으로는 검은 올리브와 대추야자가 선호된다. 더욱이 대추야자는 라마단 단식 기간 동안 저녁 일몰과 함께 단식이 깨어질 때 맨 먼저 먹는 음식이기도 하다. 사막을 횡단하는 캐러밴에게는 대추야자가 비상식품의 역할도 한다. 샐러드를 만들어 먹을 때는 반드시 올리브 오일을 사용하고, 그 위에 레몬즙을 뿌린다. 올리브는 중동 일부지역과 북아프리카가 주산지이며, 지중해성 기후의 대표적인 작물이다. 올리브는 식용유뿐만 아니라 절여서 피클을 만들고, 비누를 만들기도 한다. 주로 즐기는 채소로는 오이, 당근, 양파 등이 있다. 재미난 것은 토마토는 채소로 분류되고, 불에 굽거나 삶아서 음식과 함께 먹는다는 것이다. 고추, 오이, 양파, 배추로 만든 피클이 매우 다양하게 발달되어 있는 것도 특이하다. 과일로는 지역에 따라 다르지만 날씨가 덥고 건조한 기후 때문에 포도, 오렌지, 무화과, 자두 등이 풍성하다. 그러나 지금은 대부분의 아랍국가에서 수입이 자유화되었기 때문에 전세계의 과일을 마음껏 맛볼 수 있게 되었다. 상대적으로 감, 딸기, 배, 망고 같은 과일은 귀한 편이다. 음료로는 깨끗한 냉수를 가장 선호하고, 붉은 홍차에 설탕을 진하게 넣어 마신다.

설탕은 아랍-이슬람 시대에 멀리 동쪽에서 서쪽으로 전래된 작물이며, 오늘날 사탕수수를 지칭한다. 페르시아에서 설탕은 '세케르(sheker)'와 '칸드(qand)'등 두 가지로 불렸다. 설탕은 그리스-로마시대에는 거의 알려지지 않았고, 의료용 이외에는 사용되지도 않았다. 필요한 경우에 음식과 음료는 꿀로 단맛을 내었다. 이슬람 중세에 이르러서야 설탕의 경작과 정제가 이집트와 북아프리카로 전해졌고, 설탕은 기독교 유럽으로 수출되는 중동-이슬람 세계의 대표적 상품이 되었다. 설탕의 재배와 플랜테이션 제도는 북아프리카에서 이슬람 치하의 스페인으로, 그곳에서 다시 대서양, 결국 신대륙으로 전해지게 된다.

대표적 현대 음료인 콜라는 대부분 펩시로 통한다. 코카콜라가 유대자본이라 하여 오래전부터 아랍사회에서 금기시되어 왔기 때문이다. 물론 걸프전 이후에는 많은 아랍국가에서

코카콜라 간판을 쉽게 찾아볼 수 있다. 아침은 빵에 꿀을 발라 먹거나 검은 올리브 몇 알, 따뜻한 홍차로 가볍게 끝낸다. 점심은 주로 3-4시경 정도로 늦게 먹고, 저녁은 가족이 함께 모여 비교적 성대하게 마련한다. 주말에는 가까운 친구나 친지까지 초대하여 밤새 먹고 마시기도 한다.

가르침에 대한 실천, 단식

모든 무슬림들은 단식을 한다. 이슬람력으로 아홉 번째 달인 라마단의 한 달 동안 단식을 하는 것이다. 한 달 내내 굶을 수는 없으므로 해 있는 동안 일체의 음식을 먹고 마시지 않는다. 책에는 이렇게 적혀 있지만, 실제 아랍사회에서 단식을 할 때는 해 뜨기 전 훨씬 이른 새벽부터 단식을 시작한다. 꾸란에는 흰 실과 검은 실이 구분될 때, 단식을 시작하라고 되어 있다. 달도 별도 보이지 않는 캄캄한 밤중에는 아무것도 보이지 않다가 여명이 밝아오면서 흰 실이 구분되는 시점이 온다. 그때 단식을 시작한다. 얼마나 시적이고 낭만적인 표현인가. 그래서 새벽 4시경 모두 일어나서 음식을 만들어 먹고, 5시부터는 단식을 시작하게 된다.

단식의 목적은 가진 자와 가난한 자 모두에게 똑같은 조건을 공유하게 해서 배고픈 자와 빼앗긴 자의 아픔과 고통을 몸소 체험케 하자는 종교적 의미를 갖는다. 구호나 형이상학적인 가르침이 아닌 실질적이고 구체적인 행위를 통해 소득재분

배와 사회공동체의 강화를 가져오자는 의미가 함축되어 있다. 이 기간 동안 모든 무슬림들은 열심히 단식을 한다. 평소 예배를 열심히 보지 않거나 비교적 이슬람 생활에 소홀했던 사람들도 이 기간 동안만큼은 최선을 다해 단식을 하며 신을 기리고 주변의 가난한 자를 돕는 데 인색하지 않다.

종교축제, 이드

종교 축제로는 두 가지가 유명하다. 이드알피트르(Eid al-Fitr)와 이드알아드하(Eid al-Adha)가 그것이다. 이드알피트르는 한 달간의 기나긴 단식을 끝내고 즐기는 축제이고, 이드알아드하란 성지순례 행사를 끝내고 시작하는 희생제이다. 두 축제 모두 우리의 구정이나 추석과 매우 흡사한 성격을 갖는다.

단식이 끝나면 약 5일간의 축제를 즐긴다. 아침 일찍 일어나 깨끗하게 목욕을 한 다음, 전통 설빔으로 갈아입고 식사 전에 사원으로 향한다. 함께 모여 축제예배를 드리고 이맘의 설교와 덕담을 듣는다. 서로 껴안고 단식을 무사히 마친 것을 축하하고, 그동안 소원했던 사람들끼리도 화해하고 용서한다. 감동적인 만남의 장이 펼쳐진다. 그 후에는 '피트라'라고 하는 일종의 종교세를 낸다. 가난한 사람을 위한 희사도 아끼지 않는다. 일 년 동안의 희사가 단식축제기간 동안 가장 많이 걷힌다는 사실은 단식이 얼마나 많은 사람들의 마음을 움직여 상부상조하는 정신을 실제로 일깨우고 있는지 보여주는 좋은 예이다. 사원에서의 만남과 인사를 마치고 집에 돌아와서 가족들이 모여 앉아 맛있는 축제음식을 든다. 이 시각 이후 단식은 끝이 나고, 먹고 싶은 것을 마음껏 먹을 수 있게 된다. 음식에 감사하고, 굶주리는 이웃을 항상 생각하게 되는 것이다.

단식의 또 다른 효과는 질병치료와 체중감소이다. 육식 중심의 기름진 음식을 먹고 더운 날씨에 운동도 할 수 없는 환경에서, 범사회적으로 행해지는 거대한 단식 이벤트는 여러 가지 부대효과도 가져다준다. 규칙적인 단식은 자질구레한 잔병을 치료해 주고, 체중감소를 가져다주어 아랍인들의 수명연장에 크게 기여하는 점도 무시할 수 없다. 단식이 끝나면 그들은 서로가 체중감량을 자랑하며 단식의 또 다른 열매를 맛보게 된다.

가족과 함께 축제음식을 들고 나서는 가까운 어른에게 인사를 다니고, 친지를 만나러 간다. 이때 고향으로 향하는 거대한 행렬이 시작되기도 한다. 인사를 나누고 신을 찬미하면서 모처럼 잃어버렸던 가족애를 나눈다. 어른들은 덕담을 하며 아이들에게 선물이나 세뱃돈을 준다. 물론 가족 간에 준비한 선물을 교환하는 훈훈한 모습도 빼놓을 수 없다. 이때 아이들은 자기 가족뿐만 아니라 이웃집을 돌며 집집마다 문을 두드리며 축제인사를 드린다. 이웃어른들은 세뱃돈이나 선물, 사탕을 주면서 그들의 앞날을 축원해준다. 마지막 순서로 가족들은 함께 공동묘지로 가서 돌아가신 부모나 먼저 떠나보낸 가족들을 기리며 그들의 영혼을 위해 기도를 드린다. 음식 대신 자그마한 꽃다발을 준비해 가서 꾸란 한두 구절을 낭송하며 신의 가호를 빈다. 5일간의 축제는 성스러운 종교적 의무의 완성일 뿐만 아니라 건강한 사회통합의 과정이다. 적의가 줄어들고, 서먹서먹했던 관계가 복원되는 놀라운 힘을 축제가 발휘하는 셈이다.

두 번째로 큰 축제인 이드알아드하는 이슬람력 12월 첫 주에 행해지는 성지순례를 마감하면서 벌이는 이슬람권 전체의 축제이다. 이 순례를 '하즈'라고 한다. 하즈는 하느님의 집이 있는 성지 메카를 순례하는 무슬림들의 5대 의무 중의 하나이다. 하느님의 집(바이툴라)이라고 명명된 카바 신전은 이슬람 시대 이전의 아랍인들이 수백 개의 우상을 모시던 신전이었다. 예언자 무함마드가 우상숭배를 배척하고 일신교를 확립하면서, 이곳을 파괴하고 하느님의 집으로 상징화한 것이다. 그래서 지금도 전세계에 퍼져 있는 13억 명의 무슬림들은 매일 다섯 차례 이 카바 신전을 향해 기도를 드리는 것이다. 하느님의 집을 향해 모든 무슬림들이 동심원을 이루는 것이다.

그러나 순례는 두 가지의 전제조건, 즉 재정과 건강상태가 충족되어야 한다. 신앙고백, 하루 다섯 차례의 예배, 한 달간의 단식, 자신의 수입 일부를 희사하는 자카트 같은 의무는 절대적인 데 반해 순례는 상대적인 의무이다. 두 전제조건이 충족되지 않은 사람들은 다른 선행을 많이 쌓음으로써 그 의무를 대신할 수도 있기 때문이다. 매년 200만 명 이상의 무슬림들이 순례를 위해 메카로 모여든다. 하느님의 집에서 하느님을 만나기 위해 평생을 준비해 온 순례의무를 성스럽게 마치는 것이다. 그들은 카바 신전을 일곱 바퀴 돌면서 신을 염원하고 생각한다. 신전에 있는 흑석에 입을 맞추고, 아라파트 동산에 오르고, 미나 평원에서 야영을 하며 정해진 순례의식을 마친다. 사파와 마르완이고 불리는 두 언덕 사이를 오가기도 한다. 마지막에는 사탄의 기둥을 향해 돌을 던지며 자신의 신앙을 정화하기도 한다. 그들은 감격하고 또 감격하는데, 그것은 먼 곳에서 하느님을 찾아 왔기 때문이다. 순례를 마친 사람들은 그래서 하지(Haji)라는 호칭이 붙는다. 그리고 자신의 마을로 돌아가면 최고의 영예와 부러움의 대상이 된다. 그만큼 더욱 신실하고, 삶의 태도가 바뀌는 계기가 되는 것이다.

이 순례가 끝날 무렵 희생제를 치른다. 이것이 이드알아드하(Eid al-Adha)이다. 가족단위로 소나 낙타를 잡기도 하지만, 대부분 양을 희생한다. 희생제는 아브라함의 고사에서 연유되었다. 하느님이 아브라함에게 자신의 아들을 번제로 바치라고 명했을 때, 하느님의 명령을 충실히 따른 아브라함은 자신의 아들을 실제로 번제로 바치고 칼을 대었다. 그러나 그의 신앙을 확인한 하느님은 아들 대신 양을 번제로 놓이게 하는 기적을 보여주셨다. 이를 기념하기 위해 순례를 마친 후 양을 잡는 희생제를 행하는 것이다. 재미난 사실은 구약에서는 번제에 올려진 아들이 본처 사라에게 태어난 이삭인 반면 꾸란에서는 그 아들이 하갈의 몸에서 난 이스마엘로 바뀌어 있다는 점이다. 이슬람에서는 당연히 처음 낳은 이스마엘을 장자로 보기 때문이다. 희생제와 함께 전세계 이슬람 세계는 또 한번의 거대한 축제를 즐긴다. 축제를 즐기는 방식은 이드알피트르와 거의 유사하지만, 양을 잡는 의식만은 장관이다. 하루에 수천만 마리의 양이 도살되는 장면을 상상해 보라. 희생제는 순례에 참가한 사람뿐만이 아니라 모든 무슬림들이 참여하는 의식이기 때문이다. 이때가 되면 세계 모피업계와 육류가공업체는 비상체제에 돌입한다. 얼마나 좋은 품질의 고기와 가죽을 확보하느냐에 따라서 그 해의 업계 판도가 결정되기 때문이다. 이처럼 희생제는 세계 경제에 끼치는 영향도 지대하다. 동시에 순례는 일종의 교역 엑스포와 정보교류의 장으로 기능한다. 지구상의 수백 개 나라에서 모여 서로 의견을 나누고, 지구촌 곳곳에서 일어나는 소식을 접하는 기회가 된다. 막대한 순례비용을 조금이라도 덜기 위해 꾸려 온 토산품을 팔고 사는 거대한 교역시장이 열리기도 한다. 아프리카의 상아와 걸프 해의 산호와 진주, 동남아시아의 보석과 향료 등이 중국의 비단과 도자기 등과 교환되는 국제무역의 장이 형성되는 것이다.

명상과 대화의 동반자, 커피

커피의 기원

커피의 대명사 '모카'는 아라비아 남부 예멘에 있는 지방이다. 모카는 커피의 본향인 셈이다. 커피의 원산지는 에티오피아의 카파(Kaffa) 지방으로 알려져 있지만, 동부 아프리카의 뾰족한 곳을 따라 좁은 홍해를 건너면 바로 모카 지방이 있다. 커피의 유래에 관한 자료마다 처음 염소 떼들이 커피 열매를 먹고 흥분해서 껑충껑충 뛰는 것을 보고 사람들이 신기하여 먹어보았다는 이야기가 적혀있으나, 확인할 길은 없다.

인간이 커피를 의도적으로 마시기 시작한 것은 16세기 초 예멘의 이슬람 신비주의자들이나 종교지도자들이었던 것 같다. 오랜 명상과 기도를 필요로 하던 그들에게 커피는 최상의 효과를 가져다주었을 것이다. 잠을 쫓고 맑은 정신상태를 유지해 주는 커피는 예멘지방의 독특한 특산물로 자리잡게 된다. 커피의 효능이 알려지면서 소문을 타고 이슬람 세계로 계속 전파되었다. 1511년에는 이슬람 최고 성지 메카에서도 커피를 마신 것이 기록으로 확인되고 있다. 그 뒤 메카로 몰려든 순례 객들을 통해 이집트, 시리아 등지를 중심으로 커피가 급속히 확산되었다. 예멘이 오스만 투르크의 지배 하에 놓이면서, 커피는 이슬람 세계를 뛰어 넘어 국제화의 길을 걷게 된다. 예멘을 대표하는 산물로서 커피가 오스만 궁정이 있는 이스탄불에 진상되었기 때문이다. 이리하여 1554년, 세계 최초의 카페인 차이하네가 이스탄불에 문을 열었다. 16세기는 세계제국 오스만 투르크가 가장 활력에 넘치는 시대였으며, 이 시대를 반영하듯 수도 이스탄불에는 600개가 넘는 카페가 있었다. 화려한 카페문화가 꽃핀 시기였다.

밤의 문화가 화려하게 꽃피었던 이스탄불 궁정에서 커피는 최고의 인기음료였고, 값비싼 특권층의 음료이기도 했다. 특히 밤의 문화에 익숙하지 않은 유럽 외교관들은 잠을 쫓기 위해 커피를 거의 매일 밤 상용했으며, 그들은 점차 커피 중독자가 되어갔다. 임기를 마치고 유럽으로 돌아갈 때쯤이면 이미 커피 없이는 살아갈 수 없는 상태가 되곤 했다. 그들은 오스만 당국의 커피 유출금지에도 불구하고, 외교행랑을 이용해 원두를 자국으로 빼돌렸다. 이것이 유럽에서 커피를 마시게 된 배경이다.

유럽 최초의 커피하우스가 오스만 제국의 비엔나 공격 이후 아르메니아 상인에 의해 비엔나에 문을 열게 된다. 곧이어 커피는 전 유럽을 강타했다. 1652년에는 영국의 런던에 파스카 로제 커피하우스가 문을 열었고, 1683년경이 되면 3천 개가 넘는 커피하우스가 런던에 생겨나게 된다. 커피하우스 문화가 화려하게 개막된 것이다. 그 후 유럽의 주요 도시에 커피하우스가 문을 열고, 유럽 상류사회에 새로운 유행을 불러일으키게 된다. 이탈리아 최초의 카페 플로리안이 성 마르코 광장에 문을 연 것은 1683년이었다. 플로리안 카페에 이어 베네치아에만도 200개가 넘는 카페가 생겨났다. 유럽 카페의 명소인 플로리안에는 명사들의 발길이 멈추지 않았다. 나폴레옹, 괴테와 니체, 프랑스 작가 스탕달과 영국 시인 바이런, 릴케와 찰스 디킨스, 화가인 모네와 마네 등이 플로리안 카페의 단골이었다.

악마의 음료

그러나 커피가 순조롭게 그 사회에 정착한 것은 아니었다. 격렬한 종교 논쟁과 더불어 많은 사람의 목숨을 앗아가는 고통과 시련의 과정을 거친 이후에 얻어진 영광이었다. 처음 중세 가톨릭 교회는 시커먼 커피를 이교도에 의해 개발되고, 그들이 마시던 음료라고 해서 악마의 화신으로 보았다. 커피의 음용은 불경스러울 뿐만 아니라, 악마의 음료로 간주되었다. 교황의 이러한 유권해석을 어긴 수많은 사람들이 목숨을 잃거나 불이익을 당했다. 결국 교황 클레멘스 8세가 직접 커피를 마셔 본 연후에 하나의 맛있는 기호식품으로 인정하게 되었다. 커피에 세례를 준 셈이다. 이제 유럽에서 커피는 아무런 종교적 걸림돌 없이 모든 사람들이 즐길 수 있는 기호음료로 서서히 자리잡게 된 것이다.

그러나 커피 생산과 유통을 장악하고 있던 오스만 투르크 당국의 독점으로 그 값은 상승하게 된다. 유럽은 새로운 시장을 찾았고, 그곳은 그들이 식민통치를 하고 있던 인도네시아와 남미 등 아랍과 기후가 비슷한 지대였다. 인도네시아에서 대규모의 커피 플랜테이션이 시작되었고, 남미에서도 값싼 노예 노동력을 동원하여 어마어마한 커피 농장이 생겨났다. 이제 커피 생산량은 아랍을 능가하게 되었으며, 브라질은 세계 최대의 커피 생산국이 되었다. 브라질, 콜롬비아, 베네수엘라 커피가 고유 브랜드로 등장한 동시에 커피의 세계화가 급속히 이루어졌다. 다양한 커피 애호가들의 취향에 따라 블랜딩 기술도 발달하였다. 오히려 커피 원산지인 모카 커피가 밀리는 상황이 된 것이다. 블랜딩 대신 아직도 모카는 있는 그대로를 고집한다. 그리고 모카는 서서히 잊혀지고, 터키 커피로 더 잘 알려지게 되었다.

아랍의 정서, 커피하우스

터키 커피는 원두와 불의 성질, 끓이는 순간의 기술이 어우

러져 만들어 내는 하나의 새로운 문화였다. 우리나라에서 김치를 잘 담그는 것이 좋은 며느리의 덕목인 것처럼, 터키에서는 커피를 제대로 끓이는 것이 새신부의 가장 중요한 가치가 되었다. 좋은 원두를 골라 잘 볶아내고, 이를 갈아 향과 맛이 살아 있는 커피를 끓이는 것은 이제 터키인들의 가장 일상적인 문화가 되었다. 자그만 구리잔에 원두 가루를 넣고, 찬물을 부은 다음 약한 불에 커피를 끓인다. 서품이 일어 커피 포트 위로 넘치려는 순간 불에서 멀리 떨어뜨려 커피향이 새나가지 않도록 하는 것이 비법이다. 가히 예술적이다. 기호에 따라 설탕을 넣고 끓이기도 한다. 작고 앙증맞은 도자기 커피잔에 따르면, 3분의 2가량의 커피 원두가 진흙처럼 가라앉게 되고 위쪽의 맑은 커피 물을 음미하면 된다. 진한 터키 커피는 빈속에 마시면 머리가 핑 돌 정도로 강하다. 그러나 양고기를 먹고 기름진 식사 후에 마시는 한 잔의 터키 커피는 무엇과도 바꿀 수 없는 깔끔한 맛이다.

커피를 다 마신 다음에는 커피 점을 친다. 원두 가루가 가라앉은 커피잔을 접시 위에 거꾸로 엎어 식을 때까지 기다린다. 이때 마신 사람이 손을 가볍게 그 커피잔에 얹으며 자신의 소원을 담는다. 식어서 커피가 응고된 후에 커피 점을 보는 사람이 그의 운명을 점친다. 젖은 원두가 흘러내린 모양, 쌓여있는 머드의 양과 모양, 서로 뒤엉킨 형태를 보며 그의 과거와 현재, 미래를 말해준다. 자신을 괴롭히던 일이 있는데, 곧 지나가게 될 것이라는 이야기에서부터 재물과 이사운, 승진과 여자문제까지 걱정과 설득을 겸하여 담담하게 이야기해 준다. 비록 점괘를 읽어주는 사람이 친한 친구이고, 평소 허물없이 지내던 이웃이라 해도 이 순간만큼은 듣는 사람의 태도가 진지하고 심각하다. 항상 알라의 도움으로 난관을 극복하게 될 것이라는 긍정적인 주문으로 마무리한다.

지금은 아랍세계 어디를 가나 차와 커피를 함께 파는 커피하우스가 있다. 사람들이 하릴없이 모여 앉아 하루 종일 주사위 놀이를 하거나 담소를 하며 커피하우스를 지킨다. 모두 고개를 바깥으로 돌리고, 지나가는 사람들을 응시한다. 모든 사람들을 뇌리에 각인시키려는 듯이 그냥 쳐다본다. 길가는 사람들은 그들이 외국인이건 마을사람이건 그들의 시선으로부터 자유롭지 못하다. 이미 식어버린 커피잔을 탁자에 놓아두고, 이번에는 긴 물담배를 피워 문다. 옆 사람과 대화를 하는 사이 물담배는 계속 돌아가면서 주인이 바뀐다. 라디오에서는 템포 느린 아랍음악이 쉴새없이 흘러나오고, 글자를 아는 사람들은 신문을 펼쳐든다. 글자를 모르는 대부분의 사람들은 주사위 놀이에 여념이 없다. 아침부터 저녁까지 그들은 커피하우스를 채운다. 때로는 정치토론도 이어진다. 그러나 일반적으로 국내정치에 대한 언급은 매우 조심스럽다. 정보정치가 판치는 상황에서 자칫 화를 입게 될지도 모르기 때문이다.

대신 팔레스타인 문제는 빠지지 않고 등장하는 단골 메뉴이다. 미국이 이스라엘을 일방적으로 두둔하고, 거의 매일 아침 신문지상을 장식하는 유혈충돌과 이스라엘 군의 만행이 실

65

릴 때마다 그들은 분노하며 피가 끓는 복수를 다짐한다. 그들은 팔레스타인 문제만 등장하면 흥분한다. 배우고 못 배우고는 아무 문제가 되지 않는다. 어쩌면 팔레스타인에서 자행되는 아랍인에 대한 박해야말로 22개국으로 찢어져 개별국가이익에 만족해야 하는 아랍민족을 통합하는 유일한 힘이라는 생각이 들 정도이다. 한때 당당하게 식민지 투쟁을 하며 독립운동을 하던 커피하우스는 이제 일자리를 잃고, 시간을 보내는 젊은이들의 대기소로 바뀌어 가고 있다. 다만 커피하우스는 아랍의 정서와 낭만을 담고서 아직도 많은 아랍 남성들을 끌어들이고 있는 문화적 공간이다.

그러나 이제 모카 커피도 점차 유럽의 인스턴트 커피에 밀리고 있다. 웬만한 커피하우스에서는 터키식 원두커피보다도 인스턴트 커피의 값을 두 배 이상 비싸게 받는다. 사람들의 입맛도 바뀌었다. 그들은 유럽식 커피를 무조건 '네스카페'라 부른다. 이 상표가 제일 먼저 진출하여 입맛을 바꿔버렸기 때문이다. 불행히도 네스카페는 근대화와 엘리트 계층의 상징이 된 반면, 터키 커피는 이슬람과 보수계층의 상징으로 굳어져 간다. 하나의 희망은 아직도 전통과 역사를 이야기할 때 터키 커피는 빠질 수 없는 아랍의 정서로 남아 있다는 점이다.

제3부 이슬람 원리주의와
지하드의 실상

이슬람 원리주의는 실상인가 허상인가

이슬람 원리주의는 어느새 폭력과 테러의 이념적 온상이 되어버렸다. 목적을 위해 수단과 방법을 가리지 않고, 무고한 인명을 담보로 하는 극단적 테러가 기승을 부리면서 이슬람 원리주의에 대한 경계와 관심도 그만큼 높아지고 있다. 미국 9.11 테러의 배후에도 일제히 이슬람 원리주의 집단이 거론되고 있다. 그들의 행태에 인류는 몸서리치는 전율과 공포를 느끼며, 이를 뿌리 뽑기 위한 미국의 대테러전쟁이 거대한 국제적 복수연대가 어느 때보다 더욱 힘을 얻어가고 있다. 응징과 복수라는 비수에 꽂힐 대상은 다름 아닌 또 다른 무고한 민간인이고 보면, 인류의 비극은 끝없는 악순환을 거듭하고 있다.

이슬람 원리주의는 실상인가 허상인가? 그 실체는 무엇이고, 배태된 역사적 배경은 무엇이며, 그들은 왜 그렇게 저항하는가?

현대판 마녀사냥

9.11 테러사건 이후 연일 서방세계에 난무하는 용어는 이슬람 원리주의 집단이다. 광신적 목적과 과격한 응어리 때문에 수단과 방법을 가리지 않고 폭력과 테러를 일삼는 그들은, 지금 서방세계의 가장 위험한 적으로 떠올랐다. 그들을 응징하는 것은 반문명으로부터 서구사회의 자유와 정의를 지키는 일이라고 대다수 미국인들은 굳게 믿고 있는 것 같다. 이슬람과 폭력, 이슬람과 테러리즘의 동일 이미지는 이번에도 여지없이 확인되었다. 어처구니없는 현대판 마녀사냥이 판치는 서구의 집단광기 앞에서 지성의 목소리는 잠겨버렸다. 자기가치에 대한 맹신과 오만은 인류의 보편가치와 다문화존중이라는 포기해서는 안 되는 틀을 이미 무너뜨리고 있다. 극단적 광신과 테러의 화신인 탈레반은 지금 미국에 저항하는 한 테러리스트를 보호해주었다는 이유 하나만으로 미국에 의해 절단 나고 있다. 겨우 하늘을 가릴 수 있는 텐트마저 미사일에 찢겨 날아가고, 먹을 것이 없어 거리를 방황하던 어린 자식들과 가족들이 영문도 모른 채 죽어가고 있다. 미국이 덮어씌운 이슬람 원리주의자들과 한 하늘에서 함께 숨을 쉰다는 단 하나의 이유만으로

우선 이슬람 세계에는 'Islamic Fundamentalism'의 우리말 번역인 '이슬람 원리주의' 또는 '이슬람 근본주의'라는 용어가 없다. 따라서 서구가 이슬람 세계에 자의적이고 일방적으로 적용하는 이슬람 원리주의라는 용어에는 매우 위험한 서구의 음모가 도사리고 있다. 원리주의라는 용어는 1920년대 미국에서 과격한 기독교 복음주의자들의 극단적인 세속화 반대운동에 처음 붙여졌다. 이런 맥락에서 이슬람 원리주의는 1940년대 서구식 정치질서와 세속주의에 반대하는 일체의 이슬람 운동에 서방세계가 갖다 붙인 용어이다. 그러나 서구세계가 사용하는 이슬람 원리주의는 일반적으로 반서구 노선을 표방하거나 세속정부에 저항하는 일련의 모든 이슬람 운동을 악의적이고, 자의적으로 해석한 것에 지나지 않는다. 그리고 이 용어는 최근 지구상의 거의 모든 이슬람 부흥운동에 적용되어 이슬람은 반문명적이고 비인도적이며 위험하다는 논리의 비약으로 발전되고 있다. 결국 전체 이슬람교도들의 절대다수가 이슬람 원리주의자이고, 그들의 대부분이 응징되어야 할 위험한 존재임을 부각시켜 이슬람 세계에 대한 부당한 침략을 정당화하기 위한 고도의 수법이라고 많은 이슬람인들은 믿고 있는 것이다.

근대화와 이슬람화라는 병립할 수 없는 두 개의 논쟁이 보혁구도의 대결로 논란을 거듭하는 사이, 중동−이슬람권의 대부분의 지역은 19세기 말과 20세기 초 사이에 서구의 식민지로 전락하게 된다. 이 기간 동안 이슬람인들은 서구열강의 가혹한 탄압과 경제적 수탈을 경험하면서 씻을 수 없는 좌절을 경험하였다. 그토록 선험적인 자부심을 가져왔던 이슬람 가치 체계가 이교도의 세속주의에 무참히 유린되는 사상적 굴욕을 견뎌야 했던 것이다. 1,000년을 지탱해온 이슬람의 우월적 지위가 처참히 무너지는 현장에서 이슬람인들은 강약이 뒤바뀐 현실을 받아들이기 어려웠을 것이다.

이슬람과 민주주의는 병행할 수 없다?

이런 상황에서 이슬람의 가치를 회복하고, 서구를 부정하는 것이 아닌 서구와의 협력과 조화 속에서 이슬람의 새로운 진로를 모색하는 소위 이슬람 부흥운동이 등장하였다. 이 운동은 제국주의 열강의 침탈에 대항한 총체운동으로 반외세, 반세속을 공통분모로 이슬람의 정통성과 이슬람권을 보호·발전시키자는 근본 취지를 담고 있다. 이란 출신의 자말루딘 아프가니를 선두로 개혁성향을 띤 교육받은 부흥운동가들은 서구 문물의 적대적 배척을 지양하고, 앞선 과학과 제도를 발전적으로 수용하는 방향으로 이슬람식 사고의 과감한 발상전환을 시도하였다. 이슬람 세계의 최고의 지적 엘리트였던 이들 개혁론자들은 이슬람 율법에 대한 맹목적 추종보다는 합리적이고 이성적인 재해석을 강조했으며, 이를 통해 유럽 열강의 침략으로부터 이슬람을 보호하고, 나아가 이슬람 본래의 힘을 회복할 수 있다고 믿었다. 한마디로 이슬람 부흥운동은 이슬람식 전통과 현대화 사이의 모순과 갈등을 합리적이고 조화롭게 극복하려는 지적 고뇌의 표현이고, 현실적인 대안이었다.

아프가니의 제자 무함마드 압두는 그의 스승과는 달리 이슬람 신학의 영역에 이성을 끌어들여 이슬람과 과학을 자유롭게 접목하였다. 압두의 사상에 영향을 미친 마울라나 마우두디는 세속정권에 대한 신의 주권을 강조하면서, 이슬람 급진주의의 길을 열어주었다는 비판을 받기도 했다. 그러나 마우두디는 교육을 통해 수많은 지적 엘리트를 양성하고, 지성실천이라는 과제에 신선한 지적 충격을 주었다. 반면, 1928년 이집트의 하산 알 반나는 이슬람식 생활양식에 서구의 자유민주주의 이론을 적용하는 것이 불합리하다는 사실을 감지하였다. 그 대안으로 그는 도덕과 윤리의 틀로 이슬람 정신을 강화하기 위해 무슬림형제단 운동을 시작했다.

이처럼 이슬람 부흥운동은 종교지도자나 일부 지적 엘리트들의 자기도취적 복고주의는 아니다. 오랜 역사의 산물이며, 변화하는 시대정신의 반영이다. 그 방법과 이론은 조금씩 달랐지만, 이슬람이라는 종교가 갖는 선험적인 우월감과 한때 정치와 문화로 세계를 호령했던 당당함이 깔려있는 것이다. 그리고 과거의 화려함에 비해 갈수록 초라해지는 이슬람 세계의 현실에 대한 냉혹한 반성에서 출발한다. 그 기조는 앞선 유럽을 모델로 삼는 서구화가 아니라, 자신의 정체성을 더욱 강화하면서 서구의 제도나 과학, 기술을 도입하자는 전통과 현대의 조화이다. 나아가 이슬람의 적절한 재해석을 통해 화석화되어 가는 이슬람 사회에 활력을 불어넣자는 운동이다. 개혁성향의 이슬람 부흥주의자들은 항상 대중을 끌어안고, 그들을 계몽했으며, 필요한 정치투쟁도 마다하지 않았다. 서구의 간섭과 예속상태에서 국민경제를 좀먹고, 민족의 자긍심을 훼손하는 기존 정치세력을 선거혁명을 통해 뒤엎으려는 시도도 있었다. 이러한 저항은 서구지향적인 세속적 정치세력과 그를 비호하는 서구의 개입으로 번번이 실패하였다. 심지어 선거혁명으로 쟁취한 정권과 민주주의도 알제리의 경우처럼 '이슬람과 민주주의는 병행할 수 없다'는 서구의 논리에 의해 하루아침에 강제로 무효화되는 아픔을 경험했다. 이러한 패배의식과 좌절은 일부 이슬람 부흥운동가들을 극단주의와 폭력주의로 내몰았다.

급진적 이슬람 운동의 확산

다만 이슬람 운동권의 극히 일부가 서구의 끊임없는 경제적 착취와 이슬람 가치체계에 대한 흠집내기에 극단적으로 반응하면서, 과격주의와 폭력주의로 발전하게 되었다. 이 폭력주의의 1차적 책임은 서구의 분열주의와 이중정책, 수단과 방법을 가리지 않고 자신의 이익보전에만 급급해 하는 서구 자신이다. 서구의 가치와 이익만이 지고선이라 생각하는 독선과 패권주의가 바로 이슬람 급진주의의 최대 후원자인 셈이다. 이것은 이슬람 국가 내에서도 이슬람적인 요소를 어느 정도 반영하고 있는 국가에서보다도 이슬람을 철저히 박해하고 있는 곳에서 급진적이고 과격한 이슬람 운동이 호응을 얻고 있다는 점을 보면 명백해진다. 걸프 해에서 철저한 미국의 경찰국가로 자처했던 팔레비 왕권이 아래로부터의 혁명으로 이란에서 축출되어 이슬람 정권의 태동을 가능하게 해주었고, 오랜 일당 군부독재와 프랑스의 지원이 알제리에서 FIS(국민구국당)의 집권가능성을 만들어 주었다. 튀니지나 이집트에서 무슬림 형제단이 끈질긴 저항을 계속하는 것도 같은 맥락이다. 이슬람 국가 중에서 서구화와 세속화가 가장 성공했다고 하는 터키에서조차 1998년 이슬람을 정강으로 표방하는 복지당이 이스탄불과 앙카라 등 대도시의 시장선거를 석권하고 세속공화국 75년 만에 처음으로 집권하였으며, 특히 2002년 11월 터키에서 다시 이슬람 정치권력이 국민들의 압도적인 지지로 의회의석의 70%를 차지하며 단독집권하게 되는 현상 역시 반이슬람주의와 서구화가 갖는 한계상황의 노출로 보인다.

자기방어의 방식, 지하드

  '테러' '이슬람 원리주의' '지하드'는 삼각형의 형태로 함께 따라 다닌다. 극렬 테러조직의 이름에도 지하드가 심심찮게 등장한다. 그러나 원래 이슬람에서의 지하드는 무력투쟁만 의미하는 것은 아니다. 순수한 방어목적으로 상대가 자신의 종교적 가치와 권익을 심각하게 침해할 때, 이를 막기 위한 수단으로 지하드가 요구되었다. 그래서 지하드의 의미는 '옳은 길을 위해서 투쟁하다'라는 의미를 갖는다. 지하드의 단계는 크게 네 부분으로 순차적으로 진행된다. 첫째, 말로써 상대를 설득하는 것이다. 그래도 상대가 공격을 계속해 올 때 글로써 설득과 경고를 하고, 세 번째는 직접 만나서 협상과 절충으로 극단적인 충돌을 피해가도록 가르친다. 이 모든 노력이 수포로 돌아가고 상대의 적의감이 이슬람의 존재 자체를 위협할 때, 마지막 저항수단으로 무력을 통한 지하드를 선포하게 된다. 그래서 앞의 말과 글의 단계가 대지하드이고, 무력을 통한 해결방식은 가장 졸렬한 소지하드로 분류된다. 그럼에도 우리가 수단방법을 가리지 않고 무력을 통한 투쟁만을 지하드로 몰고 가는 것은 이슬람의 본질에 대한 왜곡일 뿐만 아니라, 이슬람의 호전성을 극대화하여 이슬람권 공격의 정당성을 확보하려는 서구의 전략적 음모가 숨어있다고 볼 수밖에 없다.

현실 속의 이슬람

9.11 테러와 이슬람

최근 이스라엘의 공격을 받은 레바논 남부에 거점을 둔 아랍인 저항조직 헤지불라 본부에는 항상 자살특공대를 지원하는 젊은이들로 넘쳐난다. 10대 후반에서 20대 초반의 젊은이들이 폭탄을 안고 목숨을 버리기 위해 서로 경쟁하듯이 몰려들고 있다. 단순한 종교적 광신인가, 아니면 시대착오적인 무지몽매한 야만성인가?

미국 심장부에 대한 항공기 폭파 테러의 원인과 배경은 무엇일까? 왜 그들은 미국을 향해 그렇게 무모한 도발을 계속해야만 하는가? 그들의 응어리는 도대체 무엇인가? 무슬림들은 미국을 지구상에서 가장 타락하고 퇴폐한 문화로 간주하여 배척하는 경향이 심하다. 무슬림들의 이러한 미국에 대한 반감은 기실 그 역사적 뿌리가 그리 길지는 않다. 물론 현대 미국의 퇴폐적인 성문화나 극단적인 물질주의 문명에 대한 반감이 그 이유 중의 하나이기도 하지만, 기본적인 뿌리는 이스라엘과 팔레스타인 간에 얽힌 문제로부터 출발한다고 할 수 있다. 국제법과 인류의 보편가치, 유네스코 헌장과 유엔안보리 결의안을 헌신짝처럼 내던지고, 일방적으로 이스라엘을 지원하며 그들의 무기로 아랍인들을 공격하게 하는 미국에 대한 저항이 미국과 서방을 겨냥한 각종 테러로 이어지는 것이다. 그들의 입장에서 보면 그것은 정의로운 싸움이고, 자결권을 위해 자신을 희생하는 거룩한 투쟁이다.

참혹한 테러 앞에서 사람들은 이성을 잃는다. 가족들은 절규하고, 시민들은 분노하며, 응징이란 이름으로 복수를 다짐한다. 미국 국민들은 '왜 이러한 테러가 우리에게 주어져야 하는가?'라는 물음에 대한 자기성찰을 할 겨를이 없다. 지난 50여 년간 아랍인들이 팔레스타인에서 느꼈던 감정의 골을 미국인들이 어떻게 이해하겠는가.

이스라엘과 미국의 무차별적인 폭격으로 인해 죽어 가는 가족들의 시신을 껴안고서 미국 시민들이 느끼고 있는 똑같은 심정을 아랍인들이 무수히 되풀이하고 있다는 사실을 상상이나 하겠는가. 지금 눈앞에서 벌어지고 있는 끔찍한 테러, 그것만을 생각하며 복수를 다짐한다. 응징의 대상이 자신들이 받았던 것과 똑같은 고통을 수반하게 될 민간인이라는 사실에는 아랑곳하지 않는다. 용서 못할 테러주범을 제거하고, 지구촌에 민간인을 향한 테러의 뿌리를 뽑아야 한다며 약간의 희생은 불가피하다는 위험한 생각이 자연스럽게 받아들여진다. 테러는 또 다른 테러를 낳고, 그 희생자들이 무고한 시민들이라는 지성인들의 목소리는 위력을 잃고 만다. '왜'라는 성찰 없는 복수의 테러가 가져올 파장에 대해서는 애써 외면한다.

2001년 뉴욕과 워싱턴에서 일어난 9.11 테러 역시 마찬가지였다. 그리고 테러의 배후를 응징한다는 명분으로 아프가니스탄을 폭격해 탈레반 정권을 무너뜨리고, 수많은 민간인 희생자를 양산하였다. 나아가 테러의 위협에 대처한다며, 9.11 테러와 아무 관련 없는 이라크에 대한 공격을 감행하여 한 문명국가의 지식기반을 초토화시키고, 민간인에 대한 대량살상을 유발하였다. 그러면서 석유자원을 독점하려는 명분 없는 이라크 점령을 계속하고 있다. 따라서 아랍권의 반미감정도 그만큼 거세지고 있다. 아랍과 미국의 원한, 도대체 이 악순환의 고리는 어디서 시작되고, 그 끝은 어디인가?

절대다수 아랍인들이 가지고 있는 미국에 대한 지식은 이스라엘 후원자로서의 역할뿐이다. 가공할 신무기를 앞세워 약소국을 제멋대로 유린하고, 귀중한 제3세계의 자원을 헐값으로 약탈하는 지구상의 가장 반문명적인 악마일 뿐이다. 그들은 미국이 가지고 있는 다민족 사회의 역동성, 인권과 자유, 민주주의의 이름으로 정비된 놀라운 사회제도를 알지 못한다. 세계 최고의 막강한 힘을 가진 미국의 실체를 있는 그대로 받아들이려 하지 않는다. 동시에 미국도 아랍과 이슬람권을 제대로 알지 못하고, 반문명적 종교가치에 함몰된 악의 온상으로 파악하고 있다. 이슬람의 가치와 관용성, 도덕과 질서를 중시하는 무슬림들의 정신적 고귀함을 아예 인정하려 들지 않는다. 두 세계는 서로 삐딱하게 거리를 두고, 상대에 대한 무지만 키우고 있다. 당분간 화해나 해결의 실마리가 보이지 않을 정도로 복잡한 실타래에 얽혀있다.

미국 심장부에 뛰어든 항공기 자살테러를 보는 아랍인들의 심정은 매우 복합적이다. 일반 대중들은 세계 경제의 중심지이자 월가 유대자본의 상징인 뉴욕무역센터가 무너져 내리고, 아랍 침략의 온상인 펜타곤이 폭격되는 모습을 보면서 모처럼 통쾌한 감정을 느꼈을 것이다. 이왕이면 백악관도 날려 버려 그동안 억눌러 온 아랍인들의 응어리를 말끔히 씻어주었으면 하는 아쉬움도 일시적으로 있었을 것이다. 그러나 수많은 민간인들이 희생을 당하고, 일부 극렬 과격 테러리스트들 때문에 아랍 이슬람권 전체가 반문명적 테러집단으로 매도당하자, 사건을 저지른 테러집단에 대해 이번에는 강력한 응징의 목소리를 높였다.

이번 자살테러가 이성적으로는 분명 반이슬람적이고, 자칫 온건 다수 이슬람권의 권익에 치명적인 위해를 가할 수 있기 때문에 분명한 반대 입장을 표명하면서도, 미국에 대한 반감이 워낙 크기 때문에 심정적인 동조를 하게 된다는 의미이다. 이라크 사담 후세인 정권에 결코 동조하지 않으면서도 미국의 이라크 공격에 결사반대하는 것도 같은 맥락이다. 뿌리 깊은 반미감정이 아랍인들의 정서 내부에 워낙 깊숙이 박혀 있기 때문이다.

팔레스타인 분쟁의 근원적 불씨

아랍민족과 유대민족은 같은 셈계 종족으로서, 같은 셈어계 언어를 사용하며 오랜 역사적 유대관계를 맺어 왔다. 두 민족은 성서적으로도 아브라함을 공동조상으로 하는 형제일 뿐만 아니라, 유대왕국이 70년경 로마에 의해 멸망당한 후에 유대인은 팔레스타인 땅에서 2천 년 가까이 아랍인과 함께 평화롭게 공존해 왔다.

그럼에도 왜 오늘날 아랍과 유대, 두 민족이 화합할 수 없는 적대관계로 변모하고, 그들의 종교인 이슬람교와 유대교가 상호 배타적으로 이단시하게 되었는가? 이는 결론적으로 제1차세계대전을 전후하여 영국과 프랑스를 중심으로 하는 서구 국가들이 중근동에 대한 식민지 경영을 본격화하면서 효과적인 통치를 위해 두 토착민을 분리, 갈등관계를 유발시켰던 비도덕적인 정치음모에 절대적으로 기인한다.

1947년 11월 29일 유엔총회장. 팔레스타인 아랍인의 운명이 결정되는 역사적 순간이었다. 그날 팔레스타인 지역을 분리하여 아랍과 유대, 두 개의 독립 국가로 분할하자는 안이 통과된 것이다. 찬성 33표, 반대 13표였다. 당초 아랍인이 중심이 되는 팔레스타인 연방안이 우세했으나, 미국의 집요한 제3세계 회유 작전으로 결국 연방안 대신 분할안이 통과되었다. 말이 분할안이지 당시 인구비율에서 아랍인의 1/3, 전체 면적의 7%만을 소유하고 있던 유대인들에게 팔레스타인 전역의 56%를 분할한다는 내용이었다. 그것도 경작 가능한 대부분의 금싸라기 땅은 유대인 차지가 되어 있었다.

2천 년 동안 그 땅의 주인으로 살아 온 아랍인으로서는 이주해 온 유대인을 모두 받아들이는 연방안 자체도 억울한데 분할안 통과라니……. 아랍인들은 하늘이 무너지는 절망과 좌절을 맛보았다. 지난 2천 년간 조상의 피와 땀이 맺힌 불모의 땅을 겨우 경작지로 바꾸어 놓았는데 말이다. 아랍인들은 자신들의 운명을 결정짓는 순간에 행했던 미국의 존재와 역할을 똑똑히 목도했다. 미국이란 존재를 가슴에 새기고 또 새겼다. 씻을 수 없는 반미 정서가 뿌리를 내리는 계기가 된 것이다.

1947년 그날, 아랍인의 운명을 결정짓는 유엔 표결의 현장에 영국은 없었다. 이 표결에서 영국은 기권을 택했다. 제1차 세계대전 중에 영국은 독일에 대항하기 위해 오스만 제국 식민치하의 아랍인들을 끌어 들였다. 영국과 함께 오스만 제국에 맞서 싸워주는 대가로 팔레스타인을 포함한 아랍지역에 독립을 보장해 준 것이다. 1915년 12월, '후세인-맥마혼 서한'으로 알려진 비밀협상이 바로 그것이다. 아랍과 오스만 투르크는 같은 이슬람 형제로서 이미 지하드를 선포한 상태였기 때문에,

이슬람 사회의 비난과 종교적 율법을 어긴다는 엄청난 심리적 저항에도 불구하고 독립이라는 현실정치를 택했던 것이다.

아랍과의 비밀협상에 따라 영국은 (아라비아의) 로렌스 대령을 급파하여 효과적인 대 오스만 공격을 진두지휘했다. 오스만 제국의 전략적 요새인 아카바를 함락함으로써 남부전선에서 연합국은 겨우 승기를 잡을 수 있었다. 한편 영국은 미국의 참전유도와 독일에 대한 내부혼란과 정보탐지 그리고 측면 공격을 위해 유대인의 지원을 필요로 했다. 이에 영국외상 발포오는 1917년 영국의 은행재벌 로드 차일드 공(公)과 비밀리에 회동, 소위 '발포오 선언'이라는 비밀조약을 체결하였다. 이 조약에서 영국은 유대인의 전쟁참여 대가로 팔레스타인에 유대인의 민족국가 창설을 약속해 주었다.

그런데 더욱 놀라운 사실은 영국과 프랑스는 전쟁이 한창 진행 중인 1916년 5월 16일, 정확하게 아랍과 유대인과 맺은 두 비밀조약의 중간에 또 다른 비밀조약을 체결했다. 영국 대표 사이크스와 프랑스 대표 피코 사이에 비밀리에 체결된 '사이크스-피코 협정'의 골자는 전후 중동지역의 분할에 관한 것이었다. 이 비밀협정에 따르면 프랑스는 시리아의 해안지대와 그 북부를, 영국은 팔레스타인과 바그다드를 점령하기로 한 것이다.

다시 말하면, 팔레스타인이라는 한 지역에 아랍인에게는 아랍국가의 독립을, 유대인에게는 유대 민족국가의 창설을 약속해 주고, 실상은 영국과 프랑스가 이미 그곳을 점령하기로 합의했다는 사실이다. 상호 모순적인 3개의 비밀조약과 강대국의 비도덕적인 정치음모가 바로 오늘날 중동분쟁의 불씨를 가져온 본질적인 핵심이다.

팔레스타인 분할과정

이스라엘 국가 만들기

제1차세계대전은 연합국의 승리로 끝났다. 전후 처리를 위한 국제회의가 1919년 파리에서 개최되었다. 윌슨 미국 대통령이 민족자결주의 원칙을 제창한 이 회의에서 서로 모순 되는 두 개의 안이 동시에 채택되었다. 즉, 민족자결주의의 원칙을 받아들이면서, '발포오 선언'의 이행을 위해 국제사회가 노력한다는 조항도 포함되어 있었던 것이다. 민족자결주의 원칙에 의하면 팔레스타인 땅에 2천 여 년간 주인으로 살아온 아랍인에게 국가건설의 자결권이 주어짐이 당연한 것이었기 때문에 유대인들은 당연히 민족자결주의 원칙에 반대했다. 결국 국제사회의 여론이 유대국가 창설에 불리하게 돌아가자, 영국은 유대인의 지지를 얻어 1920년 산레모 회의에서 팔레스타인의 영국 위임통치안을 통과시켰고, 1922년 국제연맹에서 이를 추인받았다.

영국에 배반당한 것을 안 아랍인들은 끈질긴 국가독립 운동과 격렬한 반영(反英)투쟁을 전개해 나갔다. 흔히 1920년에서 1940년에 이르는 일련의 피나는 투쟁의 시기를 '아랍의 분노시대'라고 한다. 이즈음 팔레스타인 지역에 동구와 유럽에서의 유대인 이민이 늘어나자, 자연히 토착 아랍인과 이주 유대인 간의 갈등과 대립도 증폭되었다. 1920년 16,500명이 이주한 것을 시발로 팔레스타인에서의 인구 불균형과 사회질서 파괴는 점차 심각한 양상을 띠었다. 더욱이 1933년 이후 독일에 나치정권이 들어서고, 유대인에 대한 박해가 가중되자 유대인의 불법이민이 급증하였다.

두 민족 간의 대결양상은 점차 복수전의 성격을 띠면서 처절한 피의 악순환을 되풀이하였다. 영국 당국은 민족분규에 효과적으로 대처하지 못하고, 방관자적 입장을 취하는 기색을 보였을 뿐이었다. 1937년에는 아랍인의 대규모 폭동이 일어났고, 1939년에는 영국이 유대인 불법이민에 대한 행정력을 상실할 상태에 직면하자, '유대인 이민제한 백서'를 발표하기에 이르렀다. 이러한 혼란은 제2차세계대전으로 전세계가 전쟁에 휘말리자 소강상태에서 잠시 망각되었다.

유엔으로부터 국가창설을 인정받은 유대인들은 영국과 미

국의 지원으로 구체적인 건국 작업에 착수했다. 그러나 그 땅
의 주인으로 살고 있는 토착 아랍인의 저항이 워낙 완강하여
큰 차질이 초래되었다. 이때 유명한 유대 테러조직이 맹활약
하면서 치욕적인 데일 야신촌 학살사건을 유발하게 된다. 유
대 지하 테러조직인 이르 군은 1948년 4월 9일, 예루살렘 서
쪽의 조그만 마을인 데일 야신촌을 야밤에 습격하여 254명의
주민을 잔인하게 무차별 살해하는 만행을 저지른 것이다. 전
이스라엘 수상인 메나헴 베긴이 테러대장으로 진두지휘한 이
사건은 문명세계에 커다란 충격을 안겨 주었다. 흔히 제2의
나치 학살사건으로 불릴 정도였다. 이러한 기습만행은 여러
곳에서 동시다발적으로 자행되었으며, 비무장의 아랍주민들에
게 극도의 공포감을 심어주었다.

불과 1달여 만에 100만 명에 가까운 아랍인들이 서둘러 인
근 국가로 도피해 감으로써 소위 팔레스타인 난민문제를 야기
시켰다. 이로부터 한 달쯤 지난 1948년 5월 14일, 유대인들은
아랍인을 몰아낸 곳에 위대한 이스라엘 국가를 세웠다. 아랍
국가와 제3세계의 반대에도 불구하고 미국의 전폭적인 지원
을 받아 아랍인의 심장부에 유대국가를 건설한 것이다. 세계
는 2천 년의 유랑생활을 마무리하고, 역경을 딛고 일어선 유
대인들의 승리에 동정과 축하의 눈길을 보냈다.

바로 그날 수백만 명의 팔레스타인 아랍인들은 자신의 고
향에서 쫓겨나면서 분노와 조국탈환을 다짐하고 또 다짐했다.
그동안 유대인들은 팔레스타인 땅이 아닌 유럽에서 온갖 민족

적 차별과 종교적 박해를 감수하면서 군건한 터전을 다져왔다. 유대인 박해와 나치학살로 이어지는 유대인 말살정책은 유럽인들의 죄과이다. 왜 유럽인들의 죄과를 아무런 인과관계나 역사적 책임이 없는 아랍인들이 짊어져야 하는가. 팔레스타인 지역의 비극은 이렇게 시작된 것이다. 미국을 향한 지울 수 없는 응징의 원한이 뿌리를 내리는 시점이기도 했다. 힘없는 팔레스타인 아랍인들은 오히려 자신들이 난민이 되어 여기저기를 떠돌아다니는 신세가 된 것이다.

팔레스타인 국가 되찾기

이집트를 중심으로 한 아랍국가들의 즉각적인 저항은 전쟁으로 돌입하여 1948년 1차 중동전을 유발시켰고, 1956년 아랍민족주의를 표방한 이집트 대통령 낫세르의 지도 아래 2차 중동전이 벌어졌다. 결과는 모두 비참한 패배였다. 소위 6일 전쟁으로 알려진 1967년 3차 중동전쟁에서는 고토(故土) 회복은커녕, 기존의 아랍 영토마저 이스라엘에 점령당했다. 지중해 지역의 가자지구, 요르단 강 서안, 골란 고원, 시나이 반도 등이 그곳이다. 유엔은 안보리 결의를 통해 점령지의 즉각적인 반환을 촉구했지만, 그 결의안은 지금도 지켜지지 않고 있다. 미국이 거부권 행사를 남발하면서 이스라엘을 일방적으로 비호해 왔기 때문이다.

1973년에는 석유무기화 조치로 석유파동을 유발했던 4차 중동전, 1980년 이스라엘의 레바논 침공사건, 최근의 걸프전쟁과 팔레스타인에서의 비무장 봉기인 인티파다에 이르기까지 빼앗긴 보금자리로 돌아가고자 하는 아랍인의 투쟁은 계속되고 있다.

미국의 일방적인 이스라엘 두둔

어느덧 50여 년이 흘렀다. 이미 이스라엘이 핵을 가진 강대국으로 발돋음한 현실에서 조국을 되찾는 꿈은 불가능해졌다. 때문에 국제사회가 중재하여 이스라엘이 불법으로 점령한 땅에 팔레스타인 자치 국가를 수립해 주자는 데 의견이 모아졌다. 대신 팔레스타인은 헌법을 바꿔 이스라엘 탈환을 포기하고, 이스라엘을 하나의 국가로 인정해 주기로 했다. 지난 50년간 조국 되찾기에 헌신했던 많은 강경세력들의 거센 반발에도 불구하고, 대부분의 아랍인들은 걸프전 후 미국 주도의 새로운 국제질서를 현실로 인정하고, 중동분쟁을 종식시키고자 하는 평화회담을 수용했다. 아랍과 유대 두 민족의 이해가 상이하고, 특히 영토의 요구와 안보의 위협이라는 상반된 딜레마 속에서 불가능하게 보이던 협상은 진전을 계속했다. 힘든 양보와 아슬아슬한 타협을 통해 두 민족은 가능성을 보였다. 그 결과 아랍/이스라엘의 두 정치 실세가 상호인정과 공존이라는 기본원칙을 바탕으로, 1967년 이래로 이스라엘이 점령하고 있던 아랍영토를 당국에 반환함과 동시에 그곳의 일부에 팔레스타인 독립 국가를 건설한다는, 유엔을 주축으로 한 국제사회의 일반적 합의를 도출해 내었다.

현실정치를 받아들인 대다수 온건 아랍인들이 선택한 길은 옳았다. 그 길은 전쟁에 지친 그들이 선택할 수 있는 마지막 양보이고, 생존게임이었다. 그것이 바로 1993년의 오슬로 평화협정이며, 땅과 평화의 교환이었다. 국제사회는 모처럼의 화해와 공존의 틀에 박수를 보냈고, 그 당사자들은 노벨평화상을 수상했다. 나아가 이스라엘의 인근 요르단과의 평화협정 체결 및 시리아와의 관계개선을 통해 중동지역에는 그 어느 때보다 평화의 분위기가 고조되기도 했다.

그러나 평화협정 이행과정에서 일부 팔레스타인 반대세력들의 테러가 일어나자, 이스라엘 강경 정권은 자국안보를 이유로 평화협정 자체를 무력화시켜 버렸다. 나아가 팔레스타인 지역에서의 유대인 정착촌 건설을 통해 자국 영토화를 꾀하고, 군대를 동원한 무차별적인 민간인 학살로 팔레스타인의 마지막 꿈을 무산시켜 버렸다. 이 과정에서 미국의 부시 정권은 미사일과 팬텀기를 동원한 이스라엘의 무차별적인 민간인 학살을 지원하거나 수수방관했다. 최근에는 조직적인 요인암살 계획에 따라, 팔레스타인 인민해방전선 지도자를 포함한 강경파 지도자들이 차례로 사살당하는 사건이 발생했다. 더욱이 시온주의를 인종차별 이념으로 비난하고자 하는 국제사회의 열의를 무시하고, 미국은 남아공의 더반에서 열린 인종회의에 불참함으로써 이슬람권에게 극도의 불신감과 배신감을 심어주었다. 겉으로는 세계 평화와 인권을 내세우면서 일방적 가치를 강요하고, 이중 잣대로 이슬람 세계를 유린하는 미국에게 아랍의 강경파들은 더 이상의 기대를 갖고 있지 않다.

악순환 되는 테러의 고리

그들은 분노했다. 죽음의 기회와 선택을 손꼽아 기다려온 젊은이들은 너도나도 목숨을 내놓았다. 항공기를 몰고 미국을 향해 응징의 도전을 한 셈이다. 리비아, 이란 같은 반미국가는 물론 지하드, 하마스, 헤즈볼라 같은 과격 이슬람 단체들도 한결같이 미국에 대한 이번 테러를 비난했다. 그들이 스스로 테러를 행하면서 왜 이번 테러를 동시에 비난해야 하는가? 민간인을 담보로 한 테러행위는 결코 용납될 수 없고, 비난받아야 할 행위이기 때문이다. 동시에 그들은 미국과 이스라엘의 미사일과 전투기를 동원한 팔레스타인에 대한 공공연한 민간인 학살도 국가 테러로 중지되거나 응징되어야 한다고 믿는다. 또한 미국이 모두에게 동일한 가치기준과 일관된 정책을 적용하기를 원한다. 핵무기를 가진 이스라엘이 핵무기확산금지조약에도 가입하지 않는 것을 핵사찰의 예외로 묵인해 주면서, 이와는 반대로 적대관계에 있는 인근 아랍국가들의 자위 개념의 핵 시설은 물론 사소한 화학무기 프로젝트까지 철저히 파괴하는 미국의 이중성에 아랍인들은 좌절하고 분노하는 것이다.

아랍인들의 일반적인 성향이 반미를 깊이 깔고 있다고 해서 그들 모두가 과격 테러리스트 집단에 동조하는 것은 결코 아니다. 절대다수는 폭력보다는 평화적인 방법으로 공존할 수 있는 길을 갈구하고 있다. 미국 중심의 세계질서를 현실로 받아들이고 자본주의 시장경제에 편입되어 살아가고 있는 한, 대립보다는 화해를 원하고 있다. 이런 분위기에서 미국의 과도한 보복공격이나 엄청난 민간인의 희생이 따르는 폭격은 또 다른 테러를 양산하게 될 것이다. 결국 이런 테러의 악순환의 고리는 가진 자가 먼저 푸는 것이 순리가 아닐까. 미국이 세계의 최강자로서 빼앗긴 자의 아픔과 약자의 응어리에 귀 기울이는 유연한 자세를 갖추고, 팔레스타인 문제를 하루 빨리 평화적으로 해결하는 길만이 테러의 근거지를 약화시키는 가장 확실한 응징이 될 것이다.

다시 보는 이슬람 세계

  서구는 틈만 있으면, 자유와 정의라는 무기로 이슬람권을 위협하지만, 과연 정의와 자유가 생존보다 더 중요한 인류의 보편가치가 될 수 있을까? 지금 이슬람권 분쟁지역과 극단적 원리주의의 발호는 기본적으로 인간의 원초적 권리와 생존을 위한 투쟁과 밀접한 관련을 맺고 있다. 지난 50여 년간 지배하면서 착취하고, 그 자원을 배경으로 선진 공업국으로 또 경제 군사대국으로 발돋음한 서구강국이 이제 좀 양보할 때가 되었다. 빼앗긴 자들의 최소한의 권리와 억울한 응어리에 좀더 유연한 자세로 그들의 돌파구를 마련해 주어야 한다. 그것만이 공존의 기틀이 형성되는 것이고, 극단적인 저항에서 상대적인 비판과 절충의 단계로 유도할 수 있는 동기가 될 것이다.

이제 우리의 입장에서도 그들을 이해하고, 객관적으로 연구하는 풍토와 시각의 대전환이 필요하다. 그들의 인구는 이미 13억 명을 넘는 어마어마한 문화덩어리이고, 이슬람 국가로서 유엔에 가입하고 있는 나라만도 56개국에 이른다. 세계화라는 절대 절명의 명제를 강조하면서 언제까지 서구 언론이 자기들 구미에 맞게 양념한 정보만을 취하면서, 우리 바깥의 문제들과 때로는 우리 자신의 문제까지도 그들의 입장에서 평가하고 수용하는 무지와 위험상태를 계속할 것인가? 이슬람권을 끌어안지 못하는 세계화는 결국 허구이거나 반쪽에 지나지 않을 것이다.

　무한경쟁의 글로벌 시대를 살아가는 우리에게 이제는 세상의 다양한 문화를 있는 그대로 바라보고, 진정한 참모습을 바라볼 수 있는 새로운 시각의 창이 필요하다. 문화다양성에 대한 튼튼한 하부구조의 구축이야말로 우리의 가장 큰 미래의 경쟁력이 될 것이다. 철저히 소외되고 왜곡된 땅, 이슬람 문화의 진정한 복원은 이 작업의 중요한 시작이 될 수 있을 것이다.

참고문헌

버나드 루이스, 이희수 옮김, 『중동의 역사』, 까치, 1998.
　　　서구학자 중에서 가장 권위 있고 정통한 중동학 전문가인
　　　버나드 루이스의 역작이다. 문화적 관점에서 중동의 역사를
　　　조망하고 여러 가지 흥미로운 사실들을 체계적으로 잘 정리
　　　해 놓아 이 분야를 공부하거나 전공하려는 사람들에게 좋은
　　　길잡이가 되는 책이다.

이희수 외, 『이슬람: 이슬람 문명 올바로 이해하기』, 청아, 2001.
　　　9.11. 테러로 우리 일반 대중들의 이슬람에 관한 관심을 증
　　　폭시키는 데 기여했던 베스트셀러 화제작이다. 이슬람의 입
　　　장에서 대중적인 필치로 이슬람의 역사와 문화는 물론, 일
　　　상적인 삶의 모습, 오늘의 정치, 사회 문제까지 폭넓게 다룬
　　　종합적인 이슬람 문명 입문서이다.

정수일, 『이슬람 문명』, 사계절, 2002.
　　　동서 문화교류의 권위자인 정수일 박사가 이슬람 문명의 역
　　　사성과 일상성을 에세이 형식으로 구성한 심도 있는 이슬람
　　　문명 입문서이다. 많은 부분이 청아출판사의 『이슬람』과 맥
　　　락을 같이 하고 있지만, 나름대로의 독창성도 있다.

프랜시스 로빈슨 외, 손주영 외 옮김, 『사진과 그림으로 보는 케
　　　임브리지 이슬람사』, 시공사, 2002.
　　　이슬람 역사와 문화를 풍부한 화보와 함께 편집한 뛰어난
　　　책이다. 다만 최근의 동향을 싣지 않아 조금 아쉽다.

이슬람 문화

| 펴낸날 | 초판 1쇄 2003년 7월 30일 |
| | 초판 12쇄 2017년 9월 29일 |

지은이	이희수
펴낸이	심만수
펴낸곳	(주)살림출판사
출판등록	1989년 11월 1일 제9-210호

주소	경기도 파주시 광인사길 30
전화	031-955-1350　팩스 031-624-1356
홈페이지	http://www.sallimbooks.com
이메일	book@sallimbooks.com

| ISBN | 978-89-522-0113-3　04080 |
| | 978-89-522-0096-9　04080(세트) |